中公新書 2315

唐澤太輔著

南方熊楠

日本人の可能性の極限

中央公論新社刊

はじめに

南方熊楠《みなかたくまぐす》（一八六七〔慶応三〕～一九四一〔昭和十六〕年）の業績は、あまりにも多岐にわたる。彼はいったい何者なのか。民俗学者か、生物学者か、それとも粘菌《ねんきん》研究者か、あるいは博物学者か——。どれも当てはまるようだが、どれも超え出てしまっているようにも思われる。実は、熊楠研究者でさえ、いまだに彼が何者なのかはっきりとは見えていないのだ。実際、桑原武夫《くわばらたけお》（一九〇四～八八年、フランス文学研究者）や益田勝実《ますだかつみ》（一九二三～二〇一〇年、国文学者）のように、（特に熊楠が日本において発表した論考を指して）「熊楠には理論がない」と言う研究者もいれば、鶴見和子《つるみかずこ》（一九一八～二〇〇六年、社会学者）のように、（特に「南方曼陀羅《みなかたまんだら》」を指して）はっきりと「熊楠には理論があった」と述べる研究者もいる。ある人は、熊楠の多岐にわたる研究やさまざまな豪快な私生活などを評して「巨人」と言い、またある人は、彼の豪放磊落《ごうほうらいらく》なエピソードとは裏腹に、実は「小心者」であったと言う。

熊楠は、青年期の約十五年間を、海外（アメリカ・キューバ・イギリス）で過ごした（放浪した）が、後半生は紀伊田辺《きいたなべ》からほとんど出ることはなかった。また、奇人・変人と呼ばれながらも、礼節・義理人情を非常に重んじるところがあった。熊楠自身は自分のことをロジカルな、そして科学的な思考の持ち主だと考えていたふしがあるが、彼の日記・書簡・論考などからは、明らかに神秘主義的な考え方をうかがうことができる。特に日記・書簡には、夢や幽霊、さらには「やりあて」（偶然の域を超えた発見や発明・的中を意味する熊楠の造語）に関する事柄が多く見られる。また、熊楠の書く文章は非常に読みづらいことで有名である。ある話題から違う話題へ、突然に、極端にジャンプするのだ。そしてジャンプした着地点は、本筋とは全く関係のない、とんでもない場所であることがよくある。

作家神坂次郎《こうさかじろう》（一九二七年〜）が指摘するように、熊楠はあまりにも「振幅」が大きすぎる人物なのだ（『縛られた巨人』）。それが私たちを惑わし、南方熊楠という人間を見えにくくしているのである。

多くの人々は、熊楠と向かい合うとき、まずその多才さに感嘆する。そして次に、ある種の不気味さを感じる。つまり熊楠という人間には、どうも寄る辺がないのだ。どこからでもアプローチできそうだが、どこからアプローチしても「熊楠そのもの」を捉《とら》えることができず、いつもその手から滑り落ちていくような感覚がある。熊楠がこのような人物だからこそ、私たちは彼を何とか必死で定義しようとするのであろう。例えば「○○学者」「○○研究者」としてみたり、あるいは彼にまつわるさまざまな伝説を実証的に検証してみたりする。そうしないと、落ち着かないのだ。何とか「引っかかり」を見出そうとするのである。つまり足場を作ろうとするのだ。何とかして熊楠を定義しない限り、私たちにとって熊楠は、寄る辺のない不気味な存在者でありつづける。南方熊楠そのものを捉えようとすることは大変難しい。いくら熊楠に関する論文や解説書を読んでも、熊楠の全容は決してわからないだろう。本書もその例外ではない。しかし本書では、彼の不気味さの根源にあえて迫っていこうと思う。

なぜ熊楠は、私たちに不安・不気味さを呼び起こすような存在者なのか。その原因は、熊楠の「振幅」の大きさ、それと「極端さ」にあると思われる（筆者は特に熊楠の在り方を評して彼を「極端人」と表現したい）。彼の人生を貫く通奏底音はこの二つである。

本書は、単なる南方熊楠の伝記ではない。彼の人生を便宜的に「和歌山・東京時代」（第1章）、「アメリカ時代」（第2章）、「ロンドン時代」（第3章）、「那智隠栖期《なちいんせいき》」（第4章）、「田辺時代①」（第5章）、「田辺時代②」（第6章）と区分したが、それぞれにおいて主に語られることは、南方熊楠という人間の在り方である。熊楠の極端な在り方を知ることができたとき、あらためて私たちは自分自身の在り方、もっと言えば、自己と他者との関係、「個的生命」と「生命そのもの」とのつながりを見直すことになるはずだ。

南方熊楠†目次

【凡例】

1 『南方熊楠全集』は、『全集』と略記した。『全集』＝南方熊楠著、岩村忍・入矢義高・岡本清造監修、飯倉照平校訂『南方熊楠全集』第一～十巻、別巻一、二、平凡社、一九七一～七五年。

2 『南方熊楠日記』は、『日記』と略記した。『日記』＝南方熊楠著、長谷川興蔵校訂『南方熊楠日記』第一～四巻、八坂書房、一九八七～八九年。

3 二〇〇四年十月、京都・高山寺において新たに発見された土宜法龍宛書簡は、『高山寺蔵 南方熊楠書翰 土宜法龍宛一八九三—一九二二』から引用し、『高山寺資料』と略記した。『高山寺資料』＝南方熊楠著、奥山直司・雲藤等・神田英昭編『高山寺蔵 南方熊楠書翰 土宜法龍宛一八九三—一九二二』藤原書店、二〇一〇年。

4 熊楠による言説には、『全集』『日記』の巻数を付した。

5 書簡に関しては、宛先と日付を付した。

6 参考・引用文献の詳細は、巻末にまとめて記した。本文中には、基本的に書名または論文名のみを記した。

7 引用文中のかなづかい（旧かな、新かな）はそれぞれの引用元にあわせた。

南方熊楠

日本人の可能性の極限

第1章　驚異的な記憶力を持った神童——和歌山・東京時代

1 「てんぎゃん」というあだ名を付けられて

藤白神社の神主から与えられた名前「熊楠」

動物のなかでも特に力強く生命力にあふれている「熊」と、植物のなかでも特に太い幹を持ち樹齢も長い「楠」。南方熊楠が、動物と植物との中間生物である粘菌に、特別な関心を持ったこと、また鎮守の森において「自然そのもの（生命そのもの）」からの力を常に敏感に感得できたことは、この名前が付けられたときに、すでに決定付けられていたかのようにさえ思われる。熊楠――このあまりにも力強く豪快な名前は、いったい誰によってどのように付けられたのであろうか。熊楠は、自身の名前の由来を以下のように述べている。

紀伊藤白王子《ふじしろおうじ》社畔に、楠神と号し、いと古き楠の木に、注連《しめ》結びたるが立てりき。当国、ことに海草《かいそう》郡、なかんずく予が氏《うじ》とする南方苗字《みょうじ》の民など、子産まるるごとにこれに詣《もう》で祈り、祠官《しかん》より名の一字を受く。楠、藤、熊などこれなり。…（中略）…なかんずく予は熊と楠の二字を楠神より授かったので、四歳で重病の時、家人に負われて父に伴われ、未明から楠神へ詣《まい》ったのをありありと今も眼前に見る。また楠の樹を見るごとに口にいうべからざる特殊の感じを発する。（「南紀特有の人名——楠の字をつける風習について」、『全集』三巻）

ここで述べられている藤白王子社とは、和歌山県海南《かいなん》市にある藤白神社のことである。境内には、樹齢八百年を超える大楠がある。藤白王子は、熊野古道九十九王子《くまのこどうくじゅうくおうじ》の一つで、そのなかでも最も格式のある五体《ごたい》王子の一つであった。九十九王子とは、熊野古道沿いにある神社のうち、主に十二世紀から十三世紀にかけて、皇族・貴族の熊野詣に際して先達を務めた、熊野の修験者の手によって組織された一群の神社を言う。熊楠の「楠」、これは藤白王子社に「楠神」として祀《まつ》られている大楠にちなんで、社の神主によって授けられたものである。

藤白王子社は古来、熊野三山（熊野本宮《ほんぐう》大社・熊野那智大社・熊野速玉《はやたま》大社）、つまり聖域への正門でもあった。したがって熊楠の「熊」、これは実は動物の熊ではなく、熊野権現の「熊」なのである。ただし熊楠は別のところで、熊野の名の由来について「熊野縁起」に登場する動物の熊であるとの説を紹介している。そして、今も紀州に予のごとく熊を名とする者多きは、古《いにし》え熊をトテムとせる民族ありしやらん。
（「本邦における動物崇拝」、『全集』二巻）

とも述べている。つまり熊楠は、熊を名に持つ者が紀州に多いのは、古代においては動物の熊をトーテム（特定の集団や人物と特別な関係を持つ動植物や自然物や自然現象）とした人々が、この辺りにいたからであろうと言うのである。

熊楠の父弥兵衛《やへえ》（一八二九～九二年）と母すみ（一八三八～九六年）の間には、長男の藤吉《とうきち》、長女のくま、次男熊楠、三男常楠《つねぐす》、次女藤枝《ふじえ》、四男楠次郎《くすじろう》の六人の子がいた。兄妹の名前に見られる「藤」「楠」は、熊楠と同じように、やはり藤白王子社の神主に授けてもらったものである。

熊楠は三歳（本書で表記する年齢は注記しているものを除いて満年齢である）のとき、重い脾疳《ひかん》（小児の慢性胃腸病）を患った。医者には「とても育つまい」とまで言われたという。当時、金物商を営んでいた父は大変心配して、この藤白王子社へ、妻すみの妹や店の手代に背負わせて熊楠を通わせた。熊楠の生家は和歌山城下の橋丁《はしちょう》（現在の和歌山市駅の近く。五歳のとき南隣りの寄合町《よりあいまち》へ転居）にあったが、そこから藤白王子社までは、十数キロも距離があった。

「楠神」の御加護であろうか、熊楠は、ほどなく回復した。熊楠は、このときのことがよほど印象的だったのであろう。後年まで、眼前に見るかのように覚えていた。そのとき以来、特に

楠に対して、まるで自分の守護神であるかのような感覚を持っていたようだ。熊楠は、

小生は藤白王子の老樟木《くすのき》の神の申し子なり。（水原堯栄《みずはらぎょうえい》宛書簡、一九三九年三月十日、『全集』九巻）

とまで述べている。また「楠の樹を見るごとに口にいうべからざる特殊の感じを発する」などと述べるほど、熊楠は楠に対して一体感を抱いていた。このような感覚を近現代の人々は忘れかけてしまっている。しかし、もともと動植物などに自身のルーツを求めるトーテミズム、あるいは無機物（非生物）にさえ特別な力（魂）を宿らせるアニミズムに基づく感覚は、原日本人の根底にあったものである。神道とは、元来そのような感覚に根ざした宗教なのである。そして、人々がこの感覚を忘却した結果の一つが、明治政府による「神社合祀《ごうし》政策」（一九〇六年）というまさに暴挙であった（第5章第1節参照）。熊楠にとって、鎮守の森の木々が伐採されるということは、自分の心身を切り刻まれるほどの思いだったに違いない。

少年時代から行っていた筆写

『和漢三才図絵《わかんさんさいずえ》』とは、中国の百科事典『三才図会』を模範として江戸時代中期に編纂《へんさん》された、百五巻八十一冊にも及ぶ大百科事典である（ちなみに「三才」とは「天地人」、つまり天文・地

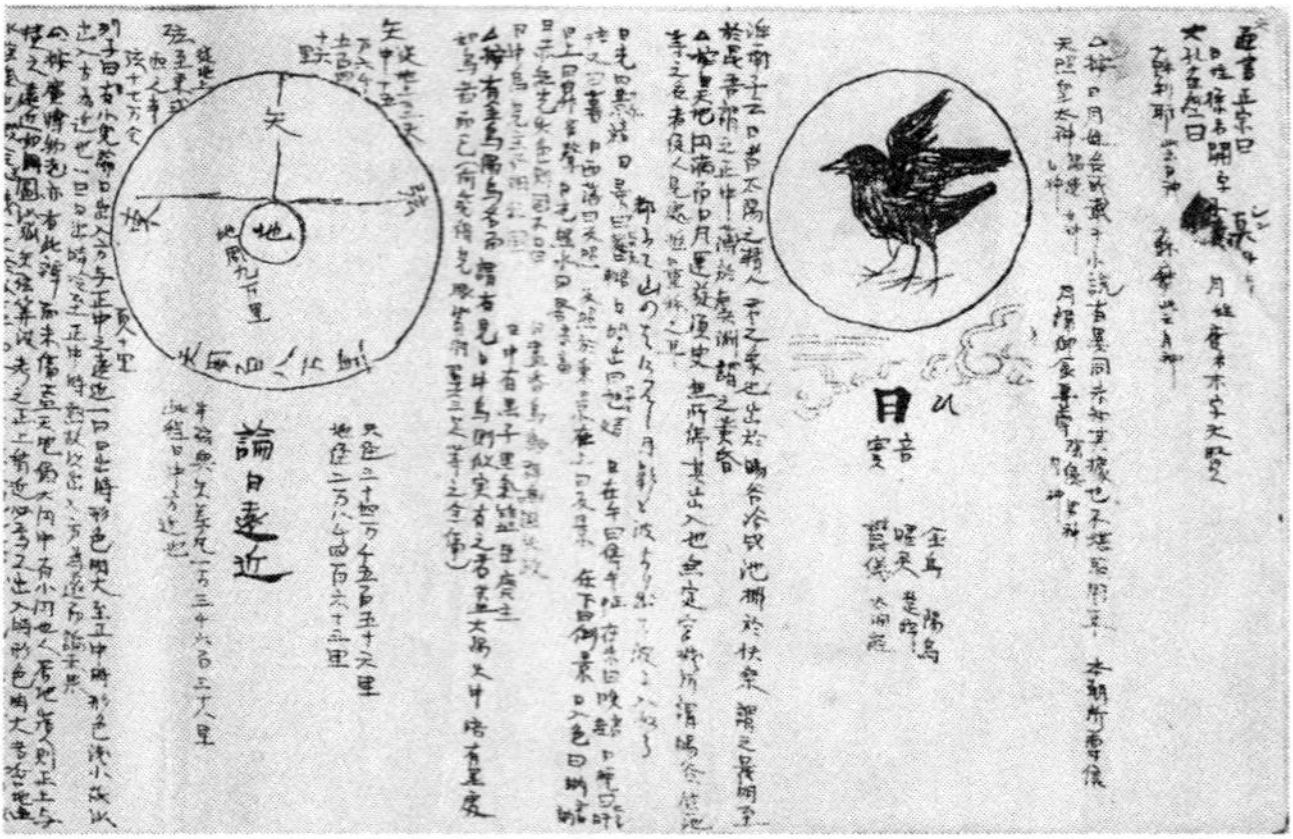

熊楠による『和漢三才図会』の筆写
写真提供：南方熊楠記念館

理・人倫といった森羅万象を指す）。少年期の熊楠は、なんとこの大百科事典を手書きで写そうと試みたのである。（おそらく年齢不相応ということで）親に反対され購入できなかった熊楠は、知り合いの家にあったこの書籍を借り出して、十二歳くらいから十五歳の間に通読し、抜書した。

同時に、『大和本草《やまとほんぞう》』（和漢の本草千三百六十二種を収録・分類・解説した書。貝原益軒《かいばらえきけん》著。一七〇九年、一五年刊行）や『本草綱目《ほんぞうこうもく》』（中国の代表的な本草書。李時珍《りじちん》著。一五九六年刊行）、『紀伊国名所図絵《きいのくにめいしょずえ》』（紀伊国の当時の名勝地を記した書。高市志友《たけちしゆう》著、西村中和《にしむらちゅうわ》画。一八一一年初編刊行）などにも抜書・写しの範囲を広げていった。このような大事典の抜書・写しの作業は、熊楠のライフワークのようなものであった。成人してからは『大蔵経《だいぞうきょう》』（仏教経典の総称。経蔵・律蔵・論蔵の三蔵およびそれらの注釈書を網羅した叢書《そうしょ》）や『群書類従《ぐんしょるいじゅう》』（日本における重要な古書の散逸を防ぐ目的で編纂された書。塙保己一《はなわほきいち》編。一七七九年から漸次刊行。一八一九年正編完了）、『今昔物語集』（日本最大の古代説話集。編者未詳。十二世紀前半に成立したとされる）を読み、そして写した。

少年熊楠は『和漢三才図会』を全て暗記した、ということがつい最近まで、まことしやかに語られてきたが、それはいわゆる「熊楠伝説」の一つであって、事実はこの書籍を知り合い宅から借り出し、読み、抜書したということである。また、古本屋に並んであった『太平記』（軍記物語。作者・成立時期などは不詳）を立ち読みし、家に帰ってはその内容を書きつづけ、とうとう全て暗記してしまった、などという伝説もある。これは熊楠自身も語ってはおらず、後世の人々による創作である。しかし、このような伝説が事実だと信じられるほど、熊楠の記憶力は常人離れしていた。特に語学において、その力は大いに発揮された。もちろん、語学は記憶力だけに頼るものではないが、実力を大きく左右するものであることは言うまでもない。

熊楠はその生涯において、英語・ドイツ語・スペイン語・フランス語など最大二十二か国語を操ったと言われることもあるが、実際に不自由なく解せたのは六～七か国語だとも言われている。どちらにしろ、私たちには普通、まねのできない事柄である。また、熊楠の粘菌研究の高弟小畔四郎《こあぜしろう》（第4章第1節参照）宛の書簡において、粘菌の種名（九十五種）を記憶から引き出して書き記したなどというエピソードも残っている。

熊楠の驚異的な記憶力は、実は並々ならぬ努力の賜物《たまもの》であった。熊楠の晩年の高弟雑賀貞次郎《さいかていじろう》（一八八四〜一九六四年、郷土史家）の言葉は、そのことを端的に表している。

【熊楠の】記憶力の超人的だつたことは、それは勿論天稟《もちろんてんぴん》であつたらう。しかしこうした【抜書等に見られる】努力の集積は見のがされぬ。先生は私に対して「本をよむにはそれを写すがよい、写すとよく覚えられる」とさとされたことがある。私の気力はとてもそれを実行しえなかつたが、先生のこれらの筆跡を拝見して、何ともいへぬ感に打たれたのであつた。——つまり天才とは努力だ。（「南方熊楠先生を語る」、以下【　】内は筆者の補足）

筆写することこそ、熊楠の超人的記憶力の源泉であった。そして筆写しているときの熊楠は、その書物の世界と一体になっていた。熊楠は、対象と一体化できるほど深く入り込むことができる特別な集中力（熊楠自身は「脳力」と言う）を持っていたのである。また熊楠は、書籍を抜書するとき、必ずと言ってよいほど、挿絵まで写している。つまり熊楠は、文字からだけではなく絵図からの情報もしっかりと得ようとしていたのである。

なお、近年、研究者たちによって、「熊楠伝説」が実証的に検証され、その齟齬《そご》が次々に暴露されている。もちろん、歴史学の手法としては事実を明らかにする作業は、至極当然のことであろう。しかし、熊楠を「裸」にすることに躍起になってはならない。そうではなく、そのような伝説さえ事実と思い込ませるような人間熊楠の在り方を考えることこそが重要なのである。

熊楠は書籍の世界を丸ごと摑《つか》み取ろうとしていた。おそらく、書籍の世界から現実の世界へなかなか戻れない（元の自己へ帰れない）こともあったのではないだろうか。時に現実の世界への退路を見失いかけたこともあったであろう。実は、熊楠が退路を見失うほど対象にのめり込んだのは、書籍に限らなかった。森（自然）あるいは粘菌という生物に対してもそうであった。

さらには、夢についても同様のことが言えるのである。熊楠は、睡眠中の夢の世界と覚醒《かくせい》時の現実の世界との区別がつかず、夢見心地のまま、家族に何か言う（怒鳴る）ことがしばしばあった。また嫌な夢のせいで、終日怒りが収まらないこともよくあった。さらに恐ろしいことに、熊楠は夢見心地のまま友人を刀で斬《き》りつけようとしたこともあった（第6章第3節参照）。熊楠は、夢というものに特別な関心を持っていたが（日記には夢の記述が非常に多く見られる）、それは単に夢という事柄が民俗学や神話学の研究につながるからというだけではなかった。夢への特別な関心は、夢の世界から現実世界への退路を確保するためだったと筆者は考えている。つまり熊楠は、今自分がいる「場所」はどこなのか（夢の世界なのか現実の世界なのか）を常に確かめなければならない人間、端的に言えば、夢の世界と現実の世界の壁が薄い人間だったのである。熊楠は、夢の世界に深く入り込み、夢の世界と現実の世界の相違を明らかにすることで、両者に明確な区別をつけようとしていたのである。

「天狗にさらわれた」と噂された少年

少年熊楠は家に籠《こ》もって読書し筆写するだけではなかった。野外で動植物を熱心に観察・採集もした。しかし、熊楠が家の中で書籍の世界にのめり込んでいるときはまだしも、森（自然）の中で生物採集・観察に熱中してしまうと困ったことが起きていた。熊楠は採集に出かけ、熱中しすぎたあまり、何日も帰らないことがあったようだ。その結果、周りの人たちは、熊楠が森で天狗《てんぐ》にでもさらわれたのではないかと噂《うわさ》し、心配したのである。そして、熊楠はいつしか「てんぎゃん」というあだ名を付けられた。「てんぎゃん」とは、和歌山の方言で「天狗さん」という意味である。

熊楠と親交のあった和歌山の郷土史家田中敬忠《たなかよしただ》（一八九七〜一九八九年）は、中学時代の熊楠について、

そしてその【熊楠の】人間業とは思えない足の頑丈さは、一日に十里や二十里歩くの位《くらい》朝飯前でした。…（中略）…御坊山《ごぼうやま》に分け入り、研究に夢中になって二日も三日も学校へ出て来なかったことがありました。その時は天狗様につれてゆかれたといううわさが立ち、「てんぎやん」「てんぎやん」とあだ名されたものです。（笠井清《かさいきよし》『南方熊楠』）

と述べている。また、中学時代の「算術簿」と題するメモ帳の片隅には、熊楠による「てんぎゃん」の落書きが残っている。熊楠は、友人から「熊やん」とも呼ばれていたが、それと同様「てんぎゃん」というのも親愛と畏敬《いけい》の気持ちをこめた呼び名だったようだ（飯倉照平《いいくらしょうへい》「テンギャンと書物」）。また、熊楠のあだ名の由来は、「天狗にさらわれた」という噂だけではなかった。

小生幼きとき日本人に例少なきほど鼻高かりしゆえ、他の小児《しょうに》みな小生を天狗と綽名《あだな》せり。（上松蓊《うえまつしげる》宛書簡、一九二九年六月十八日、『全集』別巻二）

『具氏博物学』の裏表紙に描かれた「てんぎゃん」の落書き
写真提供：南方熊楠顕彰館

熊楠は、自身が「てんぎゃん」とあだ名されたのは、その特徴的な高い鼻のせいだと語っている。しかし、おそらく理由はそれだけではないであろう。古来、天狗は高い鼻と鋭い眼光を持ち、また人間にはない知識と予知能力を備えている、山中の妖怪《ようかい》とされてきた。子供の頃から、驚異的な記憶力を持ち、『和漢三才図会』などを読んで膨大な知識を蓄え、さらには誰も近づかないような山中へ生物採集のために頻繁に出かけていた熊楠は、周りの子供たちからしてみれば、まさに妖怪・天狗のようであった。書籍に、そして生物に夢中になっているときの熊楠の眼光は、恐ろしいほど鋭かったに違いない。実際、後の話になるが、熊楠の娘文枝《ふみえ》（一九一一〜二〇〇〇年）は、以下のような言葉を残している。

顔の変る人で、すごい表情になるときもあるのです。ほんとに恐《こわ》い表情になる、目がほんとうに鋭くなりますね。激して泣いたところは私は見たことはございませんが……。普通に話しているときは目尻《めじり》が下がってやさしく、笑っているときは可愛《かわい》らしいのですが。
（『父 南方熊楠を語る』）

自分の子供を非常に（過剰に）可愛がる「目尻が下がって」優しい熊楠の顔は、時に、「目がほんとうに鋭く」変わり、家族ですら「ほんとに恐い表情」になることもあったのだ。

ところで、熊楠が「てんぎゃん」以外に、後の和歌山中学校時代に付けられたあだ名がもう一つある。それは「反芻《はんすう》」である。熊楠には、食べたものをいつでも自由に吐き出せるという「奇癖」（武器？）があった。和歌山中学校の後輩杉村《すぎむら》楚人冠《そじんかん》（本名広太郎《こうたろう》、一八七二〜一九四五年、新聞記者、俳人）は、以下のように語っている。

彼【熊楠】は教場の中で、その朝食った朝飯を出して見せたり、運動場で人と喧嘩《けんか》して、相手の顔へぷうと反吐《へど》を吐き掛けたことがしばしばある。(「三年前の反吐」)

また、先ほども紹介した弟子の雑賀貞次郎は、以下のように述べている。

【熊楠】先生にはいつでも反吐をはけるという離れ業があった。胃が反芻的にできている、など笑われたことがある。先生の気に入らないことをする人があって、先生が激怒した時はその人の家の前に行き反吐をはいたりしたこともある。(『追憶の南方先生』)

熊楠は、一度飲み込んだ食べ物を自由自在に吐き出すことができた。同じように、熊楠はその抜群の記憶力で、インプットした情報は即座にアウトプットできた。熊楠は、まさに「反芻」というあだ名にふさわしい人物だったと言える。

対象へ没入するという特徴

家の中で周りが見えなくなるほどの「脳力」をもって書籍の世界に入り込んでいるかと思うと、次の瞬間には森でフィールドワークを行う、このような極端さが熊楠の特徴である。熊楠は言うなれば「極端人」であった。しかし、この極端さにも共通する点がある。それは自己がいいなくなるということである。熊楠は、書籍の世界に深く入り込み、また森の中へも深く入り込んだ。自分とそれ以外のものとの区別が不鮮明になるほど深く入り込んでいた。いや、瞬間的には熊楠と対象とは同一化していたであろう。熊楠は、対象に没入し、その内部から対象を直接観《み》ていた（直観）。熊楠のこのような姿勢は、終生変わることはなかった。

熊楠のこの特殊な在り方は、筆者だけが感じているものではない。例えば、田辺時代に熊楠と親密な交流があった日本民俗学の父柳田國男《やなぎたくにお》（一八七五～一九六二年）は、

ところが【熊楠】先生だけは一つの本を読み続けると、其夜《その》はきつと其言語でばかり夢を見ると言つて居られた。それほどにも身を入れ心を取られて、読んで居る書物の言語に、同化して行くことの出来る人だつた。さうして又際限も無く、新古さまざまの国の書物を、読み通した人でもあつた。（「南方熊楠」）

と述べている。また日本神話・民俗学の研究者として著名なカーメン・ブラッカー（Carmen Blacker、一九二四～二〇〇九年）は、

南方の動機は、昆虫や、鳥、獣、植物、菌類のかたちをとった生命というものに対する、

無私無欲の没入だったように思われる。（「南方熊楠」）

と述べている。柳田は読書について、ブラッカーは生物の採集・観察行為について、それぞれ「同化」「没入」という言葉を用いて、熊楠の在り方を見事に表現している。その他、粘菌研究において熊楠と交流のあったグリエルマ・リスター（Gulielma Lister、一八六〇～一九四九年）は、熊楠の標本からは「詩的情熱（詩的熱中）」、つまり感情的・刺激的・主観的な心酔が感じられると言い（「日本産粘菌について」）、さらに、熊楠の良き友人であったロンドン大学事務総長フレデリック・ディキンズ（Frederic Victor Dickins、一八三九～一九一五年）は、熊楠を評して「私心のない観察者」と述べている（ディキンズから熊楠へ送られた手紙、一九〇八年一月八日、未公刊、第4章第1節参照）。

2　好きな教科、嫌いな教科

「軍艦マーチ」の作詞者鳥山啓が恩師

幼年のころ就いて学んだ鳥山啓《とりやまひらく》先生、この人は後に東京へ出て、華族女学校に教務を操り、八、九年前歿《ぼっ》せられたが、和漢蘭の学に通じ、田中芳男《たなかよしお》男【爵】もつねに推称された博識だった。（「十二支考　鼠《ねずみ》に関する民俗と信念」、『全集』一巻）

鳥山啓
写真提供：南方熊楠顕彰館・八坂書房

一八七九年、熊楠は、和歌山中学校（現在の和歌山県立桐蔭《とういん》高等学校）に入学した。中学校時代、熊楠は鳥山啓（一八三七〜一九一四年）を師と仰いだ。鳥山は、国学、天文学、博物学などに通じた、まさに博学の人で、また「軍艦マーチ」の作詞者としても知られている。鳥山は、熊楠に事物を実地に観察する方法を、本格的に指導した。熊楠の弟子の雑賀は、熊楠と鳥山の関係を以下のように述べている。

【鳥山】氏は【熊楠】先生の資質を知り、熱心に指導に力《つと》め、ことに物の（実地の）観察の重要性を説き、その実行を勧めた。先生【熊楠】はこれに多大の感化をうけ、その生涯を決定的にした。（「南方先生の出自と少年時代」）

熊楠は、生涯フィールドワークを重視した。そしてその方法は、中学校時代の鳥山に感化されたところが大きい。熊楠は、自身のフィールドワークの方法について、後年、以下のように述べている。

顕微鏡の軽便に携帯のできるもの一つ、カバン一つに入れ得るだけの薬品等と、テント一つもあらば、その物の生える気候ごとにその所へ馳《は》せ行き漕《こ》ぎ行き、生きたるものを生きたまま多く捉えて、その場で研究ができる。…（中略）…ニラバランを見んと思わば新《しん》庄《じょう》村へ、シランを見たくば救《すく》馬《ま》谷《だに》へ、クモランを見たくば秋《あき》津《づ》村へ、チャガセキショウを見たくば上《かみ》秋《あき》津《づ》へ行けば、天然生の植物景観を見らるる。たとい一万坪ありとも、異なる地勢、異なる土壌に生ずるものを、ことごとく集め栽《う》えたところで、根が付くか消失するか分からず。生じたところで、病身または出来損いなど生ずるときは、正真の研究はできず。（「南方熊楠翁の書簡」、『全集』六巻）

異なる地勢、異なる土壌で育っている植物を採集し、ある一か所に植えて育てても、うまく育つかどうかわからない。それでは正確な研究はできない。だから熊楠は、自然に入り込み、その場で「生きたるものを生きたまま」丸ごと捉えることに重きを置いた。これこそ、熊楠の観察方法の真髄であった。それは近代科学技術のように、分解・分析・数値化を最重視するのではなく、対象をあるがままに（近いかたちで）、いわば総合的・包括的に捉えるアプローチ方法と言うことができる。また鶴見和子は、熊楠の生物研究に関して、以下のように述べている。

死体解剖よりも、生体を生きているままにその生きている環境の中で、仔細《しさい》に観察することを説き、実践したのであった。南方の生物研究は、実験生物学の方法よりも、より以前の、ナチュラル・ヒストリーの手法によるものだった。そして粘菌は、そのような方法で、もっとも有効にとらえられると南方は考えた。（『南方熊楠』）

ナチュラル・ヒストリー、それは近代科学の発展とともに学問分野が細分化され、動物学、植物学などが生まれる以前の博物学の呼称である。熊楠の生物研究は、細分化された学問からではなく、より総合的なアプローチによるものであった。

ところで、少年熊楠にも苦手な生物がいた。それはミミズである。娘の文枝は、以下のように語っている。

父は年少の頃より蚯蚓《みみず》が大嫌いであった。それは嘔吐《おうと》を催す程、恐く気味悪かった。和歌山中学時代の或《ある》一日の事、鳥山啓先生に引率されてクラス一同山中に植物採集に行った時、ふと自分の足許《あしもと》に太い蚯蚓が体をくねらせているのを見つけ、思わず悲鳴をあげた。その時鳥山先生が静かに近づかれ、「これから自然科学の道を歩もうとしている君が蚯蚓を恐ろしがって如何《どう》するか、今日から蚯蚓に親しむ事からはじめなさい」とひどく窘《たしな》められた。なる程自分は自然科学が大好きだ、先生のお言葉に間違いなしと肝銘した。家に帰ると、しっかり目を閉じ蚯蚓を掌《てのひら》にのせ、歯を喰《く》いしばり忍耐忍耐と我が心に鞭《むち》打《う》ちつつ三分、五分と時をのばしていった。しばらく毎日毎日この動作を繰り返している中に、いつしか蚯蚓を手摑《てづか》みにする事が出来る様になった。あの瞬間の嬉《うれ》しさは、いくつになっても忘れる事が出来ない。と、同時に鳥山先生の温顔《おんがん》が目に浮かぶのだと、話してくれた。（「父熊楠のプロフィール」）

師鳥山の助言を忠実に守り、苦手を克服しようとする少年熊楠の無垢《むく》で真摯《しんし》な姿が目に浮かび、なんとも微笑《ほほえ》ましくなる。

数学と体育は苦手

終生、熊楠が中学校時代の教師で「先生」の敬称をつけて語っているのは、鳥山啓のみであった。中学校時代の熊楠は、鳥山の教える博物学に対しては熱心だったが、それ以外の科目にはほとんど目もくれず、成績もあまり芳しいものではなかった。

これは生来事物を実地に観察することを好み、師匠のいうことなどは毎々間違い多きものと知りたるゆえ、一向傾聴せざりしゆえなり。（矢吹義夫《やぶきよしお》宛書簡、一九二五年一月三十一日、『全集』七巻〔以下「履歴書」とする〕）

熊楠が好んだのは、事物を実地に観察する方法＝ナチュラル・ヒストリーの手法であった。それ以外の学校の授業には関心がなかったようだ。南方熊楠記念館（和歌山県西牟婁《にしむろ》郡白浜《しらはま》町《ちょう》）には、熊楠の和歌山中学校卒業時の成績表が残っている。熊楠は同級生七人中、下から三番目であった。幾何、経済は最下位であった。元来、熊楠はどうも計算が苦手だったようである。成人してからの彼の日記を読んでいると、洋書などの購入金額を何度も計算したり、あるいはその計算が間違っていたりすることがある。

また、東京の大学予備門へ入学してからは、体操（体育）は皆欠席であったという。熊楠はお雇い外国人教師による体操の教えが気に入らず、全く出席しなかった。結果、成績はもちろんゼロであった。当時の日本の学校における体操は、フリードリッヒ・ルートヴィヒ・ヤーン（Friedrich Ludwig Jahn、一七七八〜一八五二年）が創始した「ドイツ式体操」の流れを汲《く》んだものであった。徒手《としゅ》と呼ばれる自分の体だけを使って行う体操や、亜鈴《あれい》（柄の両端に球形のおもりをつけた、鉄製・木製などの体操用具）を用いた筋肉の鍛練、球竿《きゅうかん》（一メートルほどの棒の先に球体がついたもの）を使用し、数人で同じ動作をする運動などが行われていた。

「履歴書」（矢吹義夫宛書簡，1925年１月31日）
写真提供：南方熊楠顕彰館

熊楠ほどの記憶力をもってすれば、いくら苦手な数学であっても、中学校程度のものであれば、全く問題なかったであろう。体操に関しても、日々のフィールドワークで鍛えた体であれば、十分合格点は取れていたはずである。しかし、熊楠にはそれができなかった。つまり熊楠は、自分の興味がひかれる分野に関しては、我を忘れて没入するが、そうではないものには全く見向きもしないような学生だった。

普通であれば、皆欠席などすれば、進級にひびくことくらいわかるものである。そして渋々であれ出席するものである。いくら教師の教えが気に入らないとはいえ、である。また、試験前になれば、苦手な科目ほど必死に勉強するものである。熊楠はそれをしなかった。いやできなかったのである。それが南方熊楠という人間であり、ここには「極端人」熊楠の在り方が垣間《かいま》見られる。

ここで、先に引用した「履歴書」について少し述べておきたい。これは一九二五年一月三十一日付の矢吹義夫（日本郵船株式会社大阪支店副長）宛書簡の通称である。当時、「南方植物研究所」設立を目指し寄附金を募っていた熊楠に対して、矢吹は熊楠の略歴を求めた（矢吹と熊楠との間には、民俗学に関する書簡のやりとりが以前よりあった）。

それに対する返信が、長さ七・八メートルにも及ぶ巻紙に、びっしりと細かい字で書かれた（約五万八千字）、この「履歴書」だった。書簡とはいえ、熊楠はおそらくこれが世に出ることを意識していたものと思われる。そこには、南方家の由来や自身の幼少期からの生い立ち、アメリカ、イギリスなどでの波瀾《はらん》に満ちた遍歴などが、（時に誇張を交えながら）事細かに記されている。また熊楠は、どうやらイギリスで、英文の自伝を出版することを企図していたようである。

このことはロンドン大学前総長ジキンス男【爵】の勧めにより、五百頁ばかりでグラスゴウ市で出板すべき「南方熊楠自伝〔ゼ・オートバヨグラフィー・オヴ・ミナカタ〕」にも、神社合祀、山林乱伐、名勝破壊、史蹟《しせき》滅却、民俗擾《じょう》乱《らん》に反抗して、妻子とも種々無惨な目に遭わされた記事中に書き入れあるから、ここに予告しおく。（「田辺通信　平家蟹《へいけがに》の話」、『全集』六巻）

この文章からは、熊楠が盟友ディキンズを介して、自伝をイギリスで発刊しようとしていたことがわかる。しかし結局、原稿五百頁に及んだ自伝は、出版まで漕ぎ着くことはできなかったようである。また、この自伝の英文草稿はいまだ見つかっていない。

大学予備門へ入学

和歌山中学校を卒業した熊楠は、一八八三年、神田共立《きょうりゅう》学校（現在の開成中学校・高等学校）を経て翌年、大学予備門（後の旧制第一高等学校、現在の東京大学教養学部）へ入学した。神田共立学校で、熊楠は後に日銀総裁、蔵相、首相などを務める高橋是清《たかはしこれきよ》（一八五四〜一九三六年）に英語を習っている。予備門の同級生には塩原金之助《しおばらきんのすけ》（後の夏目漱石、小説家）や正岡常規《まさおかつねのり》（後の子規《しき》、俳人）、秋山真之《あきやまさねゆき》（後に海軍軍人として日露戦争に参戦。連合艦隊の作戦参謀として活躍）、山田武太郎《やまだたけたろう》（後の美妙《びみょう》、詩人、小説家。言文一致体の先駆者）らがいた。大学予備門時代の熊楠と漱石について、二人はお互いのことに全く言及していない。熊楠が漱石について述べたのは、後年に一度だけである。

前年遠州《えんしゅう》に『方丈記』専門の学者あり。…（中略）…この人小生に書をおくりて件《くだん》の『亜《ア》細亜《ジア》協会雑誌』に出でたる『方丈記』は夏目漱石の訳と聞く…（中略）…よって小生とジキンスの訳たる由を明答し、万国袖珍《しゅうちん》文庫本の寸法から出板年記、出板会社の名を答えおきぬ。またこの人の手より出でしにや、『日本及日本人』に漱石の伝を書いて、その訳するところの『方丈記』はロンドンの『亜細亜協会雑誌』に出づ、とありし。（「履歴書」、『全集』七巻）

熊楠とディキンズとは、『方丈記』を英語で共訳したことがあった（英題：***Japanese Thoreau of the Twelfth Century***）。しかし、漱石も『方丈記』の英訳を独自に手掛けていた。このため、ある『方丈記』の専門家が「『王立アジア協会雑誌』に載っている『方丈記』は、夏目漱石の訳か？」と熊楠に質問状を送ってきた。この人は、漱石のものが一八九一年に『日本アジア協会』に載っているので、こちらと混同してしまったようだ。また、『日本及日本人』に載った漱石に関する文章の中に、漱石が訳した『方丈記』がロンドンの『亜細亜協会雑誌』（『王立アジア協会雑誌』）に出た、とあったらしい。熊楠としては、いい迷惑だったに違いない。

熊楠は、正岡、秋山と共立学校でも同級生だった。大学予備門時代の熊楠の日記には、一度だけ正岡の名前が見られる。

一八八五年九月十二日［土］
四級生徒落第、正岡常規以下四十余人。新入百人斗《ばか》り。（『日記』一巻）

正岡は、一年生の九月の試験に落第したようだ。当時、入学した学生は「四級」に入り、進級するごとに「三級」「二級」「一級」と昇級した。それにしても、四十人以上いる落第者の中で、なぜ熊楠は「正岡常規以下……」と書いたのだろうか。おそらく熊楠は、共立学校で同級だった正岡の存在を知っていたのであろう。とはいえ、これ以降の日記には正岡の名前が全く出てこないことからすると、二人は友達というほどの仲ではなかったように思われる。正岡のほうにいたっては、その生涯において、熊楠に言及した例は全く見られない。後年書いた熊楠の論考には、正岡、秋山の名が見られる。

明治十八年、予東京大学予備門にあった時、柳屋《やなぎや》つばめという人、諸処の寄席で奥州《おうしゅう》仙台節を唄い、予と同級生だった秋山真之氏や、故正岡子規など、夢中になって稽古《けいこ》しおった。（「磐城《いわき》荒浜町《あらはまちょう》の万町歩節」、『全集』二巻）

この記述から、正岡や秋山は当時、寄席に夢中になっていたことがわかる。

さて、山田美妙についてだが、熊楠の予備門時代の日記には彼の名前は出てこない。しかし、山田が四十二歳という若さで亡くなったとき、熊楠はそのことを日記に以下のように記している。

一九一〇年十月二十四日［月］
本日午後五時十五分山田武太郎（神田《かんだ》区柳町《やなぎちょう》にて明治元年七月生る）氏病死。翌日葬式。留［染］井墓地に葬る。此人《このひと》予と予備門にて同級たり、十九才のときより言文一致の著多し。美妙斎と号せり。（『日記』三巻）

予備門時代に同級であった山田の死を知り、熊楠は彼の死を悼《いた》んだ。熊楠が、予備門当時から山田のことをどれほど知っていたかはわからないが、死を悼む点からすると、自分と同級ということもあり、ある程度の親近感は持っていたようだ。

大学予備門でも熊楠の成績は芳しいものではなかった。特に、幾何学の成績は良くなかった。当時の幾何学のノートには、授業中にでも書いたのであろうか、熊楠の字で「absurd（馬鹿げている）, absurd, absurd」という落書きが残っている。

明治十七年に大学予備門（第一高中）に入りしも授業などを心にとめず、ひたすら上野図書館に通い、思うままに和漢洋の書を読みたり。したがって欠席多くて学校の成蹟《せいせき》よろしからず。（「履歴書」、『全集』七巻）

熊楠は、授業そっちのけで、上野図書館（一八八五年に、教育博物館〔国立科学博物館の前身〕の図書室と湯島にあった東京図書館が合併してできた図書館）に頻繁に通った。また上野には、東京国立博物館が一八七二年に開館したばかりでもあった。さらに十年後には、上野動物園が開園している。例えば日記には、

一八八五年三月二十八日〔土〕
午前十時より上野へ如《ゆ》き、動物園、博物館を観る。（『日記』一巻）

などと書いてある。熊楠がこの頃、動植物学と同じく関心を持っていたのが、考古学である。熊楠は、上野近辺をよく散策し、古土器片、骨片などを採集した。上野公園一帯は、縄文・弥生から古墳時代の遺跡が多く、近年でも弥生時代の埴輪《はにわ》片が見つかっている。この頃の日記には、しばしば同郷の友人野尻貞一《のじりていいち》（一八六一〜一九四四年、日高《ひだか》郡志賀《しが》村〔現日高町〕出身）の名前が出てくる。熊楠は、よく野尻と連れ立って採集に出かけていた。時にアメリカの動物学者のエドワード・モース（Edward Sylvester Morse、一八三八〜一九二五年）が発掘して有名になった大森《おおもり》貝塚まで足を伸ばして採集を行っている。

熊楠はこの頃、大胆な目標を立てている。

菌類は小生壮時、北米のカーチスと申す人六千点まで採り、有名なるバークレー〔英人〕におくり調査させ候。小生これを聞きし時、十六、七なりしが、何とぞ七千点日本のものを集めたしと思い立ち候。（上松蓊宛書簡、一九一九年八月二十七日、『全集』別巻一）

カーチス（Moses Ashley Curtis、一八〇八〜七二年）はアメリカのアマチュアの菌学者である。

バークレー（Rev. Miles Joseph Berkeley、一八〇三〜八九年）は、イギリスの隠花《いんか》植物学者で「菌学の父」と称された人物である。熊楠は、十六〜十七歳の段階で、このカーチスというアマチュア学者が採集した菌類の数をはるかに超える七千種の日本産の菌類（キノコ類）を採集したいと考えていた。

しかし、熊楠の採集の動機が、常にこの目標を念頭に置いたものだったかというと、やはりそれだけでは不十分である。熊楠にとっての採集や観察の意味を考察することは、南方熊楠という人物そのもの、また彼の人格の根底に関わる最も重要な事項である。この事柄については、第6章第1節で、あらためて述べたい。

予備門入学二年目の十二月の試験で、熊楠は不合格、落第してしまう。足を引っ張ったのは代数であった。またこの頃の熊楠は、心身に何らかの異常を感じていたようだ。一八八六年一月十七日付の日記には、

夕より頭痛、殆《ほとん》ど困瞶《こんぼう》す（『日記』一巻）

などとある。意識を失うほどの頭痛は四日間も続いた。さらに二月五日には、教室で癲癇《てんかん》発作を起こしている。結局、熊楠は予備門を退学、和歌山へ帰省することになる（二月二十七日）。後述するが、同年十二月二十二日、熊楠は横浜からサンフランシスコへと出航する。出航約二

か月前の十月二十九日に、熊楠は再び東京へ出てくることになる。それは、友人たちへ別れを告げるためであった。

明治十九【一八八六】年春二月、予、疾《やまい》を脳漿《のうしょう》に感ずるをもって東京大学予備門を退き、帰省もっぱら修養を事とす。（「日高郡記行」、『全集』十巻）

熊楠は癲癇を患っていた。日記にもこの言葉が何度か出てくる。熊楠没後、彼の脳髄《のうずい》は生前の本人たっての希望で、解剖され大阪大学医学部に保存されることになった。近年その保存されている脳髄をMRIなどによって綿密に検査したところ、右海馬《かいば》に萎縮《いしゅく》が見られ、「側頭葉《そくとうよう》癲癇」の疑いがあることが医学的にもわかっている（扇谷明《せんごくあきら》「南方熊楠のてんかん」）。

3　「深友」羽山兄弟

同郷の美男子羽山繁太郎と蕃次郎

熊楠は、大学予備門を「疾を脳漿に感ずるをもって」退学し、和歌山へ帰郷したとき、ある二人の「美人（美男子）」と深く交流した。

（左）羽山繁太郎と熊楠，（右）蕃次郎と熊楠（ともに1886年12月）
写真提供：南方熊楠顕彰館

これより四十四年前（今年只今《ただいま》より四十六年前）、小生東京にありしがふらふら病いとなり、和歌山へ帰り、保養のため父の生家が日高郡にあり、その親属またこの郡に散在するをもってそこここと遍歴せんと日高郡に来たりし。その時この北塩屋《きたしおや》に高名の医師羽山《はやま》氏なる豪家あり。その家に当時五男あり、その長男は繁太郎《しげたろう》、二男は蕃次郎《はんじろう》という。これは御存知通り、「筑波山《つくばやま》は山しげ山繁げれど、思ひ入るにはさはらざりけり」という歌により、苗字のは山に因《ちな》みて付けたる名と察す。その宅の近所の小丘に熊野九十九王子の一なる塩屋王子の社《やしろ》あり。『熊野御幸記《ごこうき》』にも載せたる旧社にて、古く俗に美人王子と号す。それゆえか、この家の五子、取り分け長男と次男は属魂《ぞっこん》の美人なり。(岩田《いわた》準一《じゅんいち》宛書簡、一九三一年八月二十日、『全集』九巻)

熊楠によると、羽山繁太郎・蕃次郎は名家・医家の生まれであり、また「属魂の美人」であったらしい。羽山家の近所には、熊野九十九王子の一つである塩屋王子があった。ここは古くから「美人王子」とも呼ばれていたという。その名の由来はさまざまであるが、祭神の天照大神《あまてらすおおみかみ》の神像が美人であるからという説や、白河《しらかわ》法皇が熊野《くまの》詣《もうで》の際に歌会を催したほどの美景の地(海を一望できる景勝地)であるからという説がある。

後に、兄繁太郎は大阪医学校(現大阪大学医学部)、弟蕃次郎は帝国大学医科大学(現東京大学医学部)に優秀な成績で入学した。しかし二人とも結核を病み、余儀なく中退し、その後すぐ夭折《ようせつ》した。二人が亡くなったのは、熊楠が海外へ遊学中のときであった(繁太郎：一八六八~八八年・享年二十、蕃次郎：一八七一~九六年・享年二十五)。ちなみに、三弟滋三郎、五弟周五郎、六弟茂樹も、後に同じ病に倒れている。それは、あまりにも早い死であった。

外国にあった日も熊野におった夜も、かの死に失《う》せたる二人のことを片時《かたとき》忘れず、自分の亡父母とこの二人の姿が昼も夜も身を離れず見える。言語を発せざれど、いわゆる以心伝心でいろいろのことを暗示す。その通りの処《ところ》へ往《い》って見ると、大抵その通りの珍物を発見す。それを頼みに五、六年幽邃《ゆうすい》極まる山谷の間に僑居《きょうきょ》せり。これはいわゆる潜在識が四境のさびしきままに自在に活動して、あるいは逆行せる文字となり、あるいは物象を現じなどして、思いもうけぬ発見をなす。（岩田準一宛書簡、一九三一年八月二十日、『全集』九巻）

終世、この二人の兄弟の姿は、熊楠の脳裏から離れることはなかった。二人は常に離れず熊楠とともにいた。熊楠自身が語っていることだが、二人の「幽霊」が暗示した場所に行くと、大抵「珍物（珍しい生物や新種の生物）」を発見したという。だが、筆者は熊楠が残している日記を詳細に調べたが、故羽山兄弟が夢あるいは「幽霊」として熊楠の前に現出し、「珍物」の在りかを示すというような記述は見当たらなかった。もちろん、今後翻刻・刊行されるであろう残りの日記（二〇一五年現在、『南方熊楠日記』〔一～四巻〕として出版されているのは、一八八五～一九一三年までのものであり、その後の日記は断片的にしか翻刻・出版されていない）の記述の中に、そのような記録がある可能性は十分にある。しかし、だからといって故羽山兄弟による啓示が、熊楠による全くの作り話だったとは言えない。二人のことは「片時忘れ」なかったのだから、「珍物」を思いがけず発見したときも、二人は熊楠とともにいたはずである。熊楠は、夢やふとしたひらめきによって、珍しい生物などを多く発見している。この「思わぬ発見」への感謝は、いつも熊楠とともにあり、見守ってくれている故羽山兄弟に向けられて然《しか》るべきだったのではないだろうか。

また、これらがたとえ熊楠の作り話であったとしても、熊楠がこのように羽山兄弟をいわば神聖化して述べる背景・根底を探ることは、南方熊楠という人物をより深く知る上で非常に重要なことである。

ちなみに、熊楠がこの羽山兄弟について述べた書簡を送った相手である岩田準一（一九〇〇～四五年）は、男色史家、画家であり、江戸川乱歩《えどがわらんぽ》（一八九四～一九六五年、小説家）の作品『孤島《ことう》の鬼《おに》』に登場する美青年のモデルとなった人物でもある。晩年の熊楠は、岩田と、男色に関する書簡を多くやり取りしている。

羽山兄弟に始まり、羽山兄弟に終わる夢日記

熊楠は、青年期から晩年にいたるまで、ほぼ毎日、日記を書きつづけた。淡々とした日々の記録の中でも、夢の記述は精彩を帯び、その数も膨大である。熊楠の日記における夢の記述は、羽山兄弟に始まり、羽山兄弟に終わる。

一八八八年六月十六日［土］
此周間、羽山蕃次郎氏を夢《ゆめみ》ること三夜。（『日記』一巻）

熊楠は、一週間で羽山蕃次郎のことを三回も夢に見たと述べている。この頃、熊楠は在米中で、アナーバー（Ann Arbor、ミシガン州東南部）とランシング（Lansing、ミシガン州インガム郡）を行ったり来たりしている。熊楠が自身の夢を語ったのは、この一八八八年六月十六日の日記が初めてである。ここから、これまでには見られなかった日記における夢の記述は、怒濤《どとう》のごとく始まるのである。少し先走った話になるが、特に晩年の日記は「夢日記」の様相を呈している。

一九四一年十一月三十日［日］
朝三時過頃？ 羽山繁太郎方に多く老兵如《ごと》き者集まり賑《にぎ》はふ。野尻貞一氏及ひ故森栗菊松氏もありと夢む。それより久しく眠らず臥《ふ》し居り。八時に起く。（未刊行日記）

そして、これが熊楠の日記における夢に関する最後の記述である。ここで熊楠は、羽山繁太郎に関する夢を見ている。熊楠はこの日記の約一か月後の一九四一年十二月二十九日、七十四歳で亡くなっている。いわば、死の直前期の日記であった。

この「始め」と「終わり」の間にも、羽山兄弟に関する夢の記述は多く出てくる。熊楠によるさまざまな事柄に関する夢の中でも、羽山兄弟に関する夢は特に、群を抜いて多い。刊行されている『日記』一～四巻を見るだけでも、約十五の羽山兄弟に関する夢がある（「約」というのは、熊楠の日記において、夢か幽霊かあるいは幻想か区別し難い記述も見受けられるからである）。親・兄弟・家族でもない人物（故人）をこれほど、また晩年にも夢に見ることは、やはり稀《まれ》だと思われる。半世紀近くも前に亡くなった友人をしばしば夢に見るのは、やはり特殊なことだと思われる。

熊楠はバイセクシャルか

熊楠と繁太郎との出会いは、中学時代にまで遡《さかのぼ》る。彼らは金石学《きんせきがく》（鉱物学の旧称）を共通の趣味とし、親交を深めた。中学卒業後、熊楠は大学予備門入学のため上京した。熊楠より一学年下の繁太郎も後を追うように上京したが、肺を病みすぐに和歌山へ帰郷してしまった。二人が再会するのは、一八八六年四月十一日のことであった。

繁太郎の弟蕃次郎は、繁太郎より三つ年下であった。熊楠の日記に蕃次郎が初めて登場するのは、熊楠が大学予備門を中退して帰郷後の一八八六年三月二十四日である。

一八八六年三月二十四日［水］
午後羽山蕃次郎氏来る。牡丹燈籠《ぼたんどうろう》一冊をおくる。（『日記』一巻）

また、三月二十八日の日記には、

一八八六年三月二十八日［日］
酩酔《めいすい》、車に乗じ羽山蕃二郎《［ママ］》を襲ふ。（『日記』一巻）

とある。
その後、熊楠は渡米準備や友人へ別れを告げるために、十月二十九日に上京した。熊楠は、蕃次郎にも上京して勉強することを勧め、そして夏休みを終えて東京に帰る友人たちに頼んで蕃次郎を東京へ連れてきてもらっている。熊楠が渡米するのは一八八六年十二月二十二日である。蕃次郎と熊楠は、渡米までのわずかな間ではあったが、東京で「intimate」な（肉体関係をほのめかす、親密な）関係を結んでいる。

一八八六年十一月二十日［土］
朝津田安麿《つだやすまろ》氏と倶《とも》に其兄道太郎《みちたろう》氏を訪《おとない》、米国事情を聞く。午後安麿氏と其《その》邸に之《ゆ》く。
夕羽山、志賀、今井、及弟来る。夜羽山と共に寐す。（『日記』一巻、傍線——筆者）

一八八六年十二月二十日［月］
午下《ごか》吉田直太郎氏を訪。

中松盛雄、沼井信之助、浅井宗恵、井林広政入朝す。夜羽山とよせ［寄席］え之く。羽山と同褥《どうじょく》して寝《い》ぬ。（『日記』一巻、傍線——筆者）

ここに記されている「羽山」とは、蕃次郎のことである。前述のように蕃次郎も、兄繁太郎の後を追うように、一八九六年十二月三日、二十五歳という若さで亡くなっている。熊楠が在英中のことであった。繁太郎・蕃次郎二人の面影は、熊楠の脳裏から終生離れることはなかった。それは彼らの早世によって、より強い思い出となった。時に美化され、時に神聖化されながら、いつまでも熊楠とともにあった。熊楠には同性愛的性向があったようにも思われる。熊楠は、数え四十歳で結婚し家庭を持つが、羽山兄弟のことは終生忘れることはなかった。

二枚に割った瓦をお互いに持つ

以下は、熊楠の日記からの抜粋である。

一八八六年四月二十日［火］
朝入浴。尾崎《おざき》の上総氏夫妻にあふ。宿を吉田屋に転ず。Hayama S. is my〔以下欠文〕（『日記』一巻）

一八八六年四月二十九日［木］
終日在寓《ざいぐう》。右頰《ほお》痛漸次癒《いえ》るに似たり。
［寄書］Mr. MINAKATA is my intimate friend. S. H.
Worman's Complete German Grammer. 独逸《ドイツ》文法大全　二円二十銭　博聞社（『日記』一巻）

四月二十九日の日記には、「［寄書］Mr. MINAKATA is my intimate friend. S. H.」と記されている。「S. H.」とは「羽山繁太郎」のイニシャルである。これは繁太郎に直接書いてもらったものである。四月二十日には、熊楠自身が「Hayama S. is my」と書き、以下は文が欠如している。さまざまな想像が働くが、おそらく熊楠は、「intimate friend」と同じような意味合いの言葉を書こうとしたに違いない。あるいは「intimate friend」よりもっと深い意味の言葉を書こうとしていたのかもしれない。

熊楠と羽山繁太郎は「intimate friends」であった。「intimate」とは、先述したように「親密な」という意味であるが、肉体関係のある「親密さ」をほのめかす語である。彼らは「親しい」仲というより「深い」仲であった。「親友」というよりむしろ「深友」とでも言うべきであろうか。また、熊楠と繁太郎は、四月十九〜二十六日に二人きりで白浜へ温泉旅行もしている。

一八八六年四月二十七日［火］
終日在寓。繁太郎君、道成寺平瓦《どうじょうじひらがわら》を割き、半を贈らる。（『日記』一巻）

これは二人の関係をまさに象徴的に表す出来事である。熊楠と繁太郎は、道成寺（現和歌山県日高郡日高川町《ひだかがわちょう》）という寺の瓦を二つに割り、それぞれを分けて持つようにしたという。道成寺は、七〇一年に創建された和歌山県最古の寺である。この寺にまつわる話として、思いを寄せた僧安珍《あんちん》に裏切られたことを知った少女清姫《きよひめ》が、激怒のあまり大蛇に変化《へんげ》し、道成寺の鐘の中に身を潜めていた安珍を鐘ごと焼き殺したというものがある。熊楠と繁太郎は、このせつない恋と嫉妬《しっと》の伝承が残る寺の瓦を半分に割り、互いに持つことにしたのである。

しかし、飯倉照平（一九三四年～、中国文学者）によると、この瓦は南方熊楠記念館に保存されているが、割った痕跡《こんせき》はないという（『南方熊楠――梟《ふくろう》のごとく黙坐しおる』参照）。筆者もこの瓦を記念館で見せてもらったことがある（二〇〇九年八月四日）。筆者には、何かいびつな割れ方をしているようにも見えたが、確かに「半分」に割ったという感じではなかった。

しかし、ここではその瓦が存在するかしないかを主たる問題とするのではなく、一枚の瓦を互いに半分に分け持ったという事柄を、象徴的に捉えたい。つまりそれは、互いの「片割れ」があって初めて「完全」になることができることを意味する。熊楠という人間の半分は、繁太郎そのものであった。お互い、相手がいることで「完全」になれる（心が満たされる）ことを認識していたのではないだろうか。しかし熊楠が渡米の後、二人は再び現世で出会うことはなかった。癲癇を患っていた熊楠と、肺病を患っていた繁太郎は、現世ではもう二度と会えないということを、互いに多少は予想していたのかもしれない。

そして、熊楠は一人アメリカへと旅立った。

第2章　アメリカ時代

1 渡米の背景と目的

父の先見の明

熊楠は、父弥兵衛(後に家督を熊楠の兄に譲って弥右衛門《やえもん》と改名)を大変尊敬していた。熊楠が生まれた頃、金物商をしていた弥兵衛は、西南戦争(一八七七年)で巨利を得、米屋を兼業し、さらに金貸業を経て、酒造業を興し成功した。弥兵衛は、先を見通す力に非常に長《た》けていたと言える。そしてやはり、自分の子供たちに対しても達眼であった。

この亡父は無学ながらも達眼あり…(中略)…。死ぬに先だつ三、四年、身代を半分して半分を長男弥兵衛に自分の名とともに譲り、残る半分を五分しておのれその一分を持ちあり、四分を二男たる小生、三男常楠、四男楠次郎と小生の姉とに分かち、さて、兄弥兵衛は好色淫佚放恣《いんいつほうし》驕縦《きょうじゅう》なるものなれば、われ死して五年内に破産すべし、二男熊楠は学問好きなれば学問で世を過ごすべし、ただし金銭に無頓着《むとんちゃく》なるものなれば一生富むこと能わじ、三男常楠は謹厚温柔な人物なればこれこそわが後を継ぐべきもの、またわが家を保続し得べきものなり、兄弥兵衛亡滅の後は兄熊楠も姉も末弟もこの常楠を本家として帰依《きえ》すべきなりとて、亡父自分の持ち分と常楠の持ち分を合同して酒造を創《はじ》められ候。（「履歴書」、『全集』七巻）

父の予見通り、兄藤吉（後に弥兵衛を襲名）は、母すみが亡くなる頃には相場に手を出し、失敗していた。さらに無類の女好きで妾《めかけ》を何人も作り、本妻とは離別して他の女性と暮らしたりもしたようだ。後に破産し、広島県呉《くれ》市へ移住しその地で没した。弟常楠は、東京専門学校（現早稲田大学）を卒業後、父とともに酒造業を営み、「南方酒造」（現「世界一統」）の基盤を作った。そして常楠は、熊楠の在米・在英時代には、毎度のように送金とその増額を要求してくるこの兄に対して、父が生存中は父の了解の下に送金し、時には熊楠をたしなめるようなこともあった。また、しばしば熊楠にその時々の日本の政治情勢や家族の様子なども、手紙を通じ伝えていた。

引用にあるように父は、熊楠は学問で身を立てるであろう（立てるしかないであろう）と思っていた。また、金銭に対しては無頓着なので商売には向かないと考えていたようだ。事実、熊楠は外遊後日本に帰ってきてからも定職には就かず、自身の研究のみに没頭した。収入はわずかな原稿料と、常楠からの仕送りであった。ところが、常楠と熊楠の間には、「南方植物研究所」設立のための寄附金をめぐり、確執が生まれてしまう（第6章第2節参照）。その後、常楠から熊楠への生活費の送金は打ち切られ、両者の交流はほとんどなくなってしまった。

ともかく、いち早く熊楠に学問的才能があることに気付いたのは、この父であった。父は「亡妻の亡兄が学文仕果てずに死んでこの子に転生したのであろう」と思い、「この子だけは学問させよう」と考えたのではないか、と熊楠は別のところで語っている（「南方先生百話　南方先生自叙伝の二、三節」、『全集』六巻）。莫大《ばくだい》な費用がかかったであろう熊楠の私費留学を父が許してくれたのは、熊楠の性格を鋭く見極めていたからこそであった。一九〇〇年九月から一九〇二年十二月まで国費でイギリス留学をした夏目漱石は、月に百五十円（現在の約十五万三千円）を国から支給されていたが、それでも生活は楽ではなかったという。私費ともなると、当然、学費なども自ら支払わねばならない。熊楠が一八八七年一月に入学したアメリカのパシフィック・ビジネス・カレッジ（Pacific Business College）の学費は、半年で八十一ドル五十セントであった。当時一ドルは一円三十一銭なので、学費だけでも半年間でおよそ百七円かかった。

僕も是《これ》から勉強をつんで、洋行すました其後は、ふるあめりかを跡に見て、晴《はる》る日《ひ》の本《もと》立帰り、一大事業をなした後、天下の男といはれたい。

渡米直前、羽山繁太郎へ送った写真の裏には、このような熊楠の決意が記されている。ここで言う「一大事業」は、商売や経営などではなく、漠然と何か大きな事柄のことではないだろうか。熊楠にとって、アメリカ行きは確たる目的があったわけではなかった。熊楠にとってのアメリカ時代、それは言うなれば「一生の方向をますますはっきりさせ、その実現へ進むべき準備期をなした点では、重要な時期」（笠井清『南方熊楠』）であった。

一八八六年十二月二十二日、熊楠を乗せたシティ・オブ・ペキン号は横浜を出航し、アメリカはサンフランシスコへ向かった。

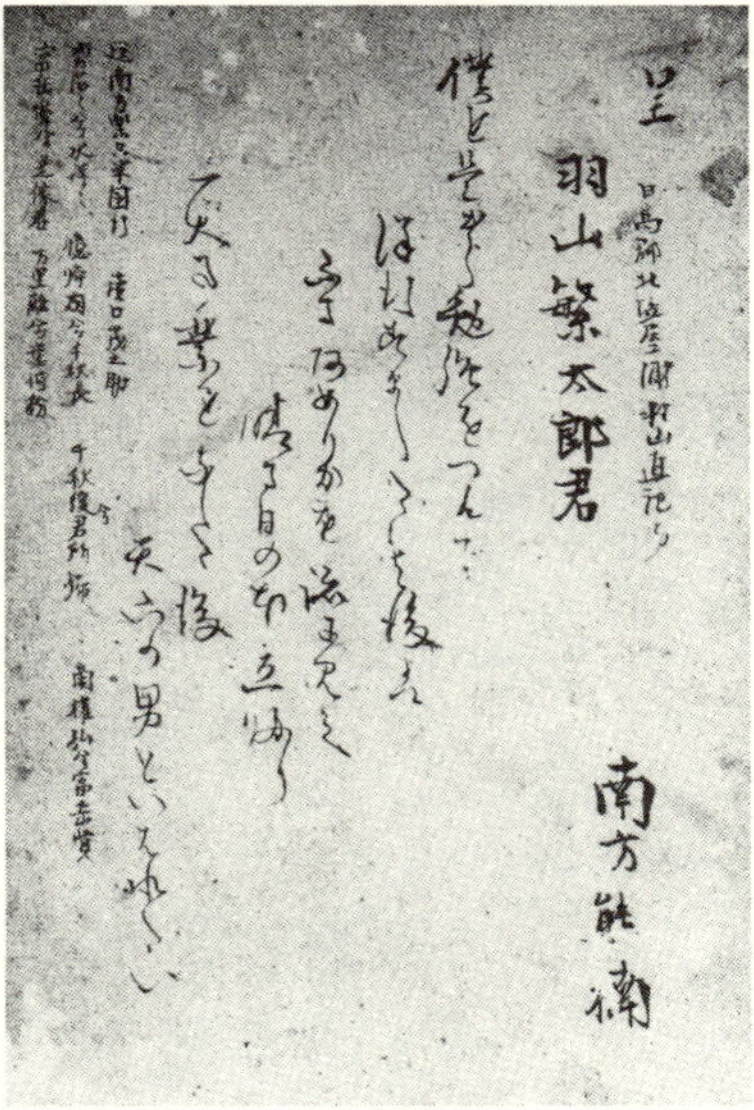

羽山繁太郎宛写真の裏に書かれた熊楠の自筆（1886年12月）
写真提供：南方熊楠顕彰館

「徴兵逃れ」という疑惑

熊楠は、自身の人生や気質のことなどを赤裸々に語る一方、徴兵制度に関しては生涯、堅く口を閉ざしていた。「国民皆兵」を目指す近代日本は、一八七三年に徴兵令を出し、満二十歳になる男子には徴兵検査を義務付けた。しかし、「一家の主人たる者」「嗣子《しし》並に承祖《しょうそ》の孫」（承継者）、「養家に住む養子」は、徴兵の義務から免除された。
熊楠と同世代の多くの若者たちにとって徴兵は、おそらく共通した悩みだった。つまり誰もが、いかにして徴兵を逃れるかに苦心していたと思われる。漱石も自身の徴兵に関して、やはり終生黙したままであった。漱石の場合、北海道に一時的に戸籍を移して徴兵を逃れたという（北海道は、他の地域に比べて、徴兵令施行が遅れていたのである）。これは、漱石の没後に明らかになった事柄である。熊楠の場合、一八八七年頃、和歌山一の富豪とされた山崎庄兵衛《やまざきしょうべえ》という人物の養子になるという話があったようだ。

小生幼児（明治五、六年より二十年ころまで）和歌山第一の富家たりし山崎庄兵衛氏…（中略）…に子なく、小生明治二十年ごろ養子に望まれたること有之《これあり》候。（三田村玄龍《みたむらげんりゅう》〔鳶魚《えんぎょ》〕宛書簡、一九二七年八月四日、『全集』別巻二）

この経緯には不明な点も多いが、熊楠は、明治二十（一八八七）年前後に、富豪の家の戸主となり徴兵を逃れようとしたのかもしれない。結局、この話は流れてしまったようだ。他家への養子が不可能となれば、徴兵逃れのための残された方法は、ただ一つ、外国への留学であった。ちなみに、熊楠のアメリカ時代の日記には、一八八九年一月の改正徴兵令公布の官報の切り抜きが挟まれていた。この切り抜きからも、熊楠が徴兵制度に関心を抱いていたことは明らかである。

熊楠は、とにかく自身の好きな研究のみをしたかった。いや、研究あるいは勉強などと（いかにも高尚に）名付けてはならないかもしれない。熊楠にとってそれは、自分の在り方そのものであった。呼吸をすること、食事をすること、寝ることなどと同じように、それなしでは生きてはいけなかったのである。

私たちは普通、自分のやりたいことは差し置いて、まずは社会的な事柄を重視する傾向がある。そして世間に紛れて世人《せじん》として生きていく。世間体や世間様などという言葉があるように、特に日本人は、世間というものを気にする傾向を持っているようだ。一方、熊楠は世人になれなかった。普通であることができなかった。他者（対象）と「適当な距離」を保って生きていくことが非常に難しい気質の持ち主だったのである。熊楠は、周りが見えなくなるほど対象へ内在化する一方、普通では考えられないほど対象から（あるいは世間から）逸脱した行為をすることがあった。例えば、気に入らない者には、ところ構わず反吐を吐きかけるなどの行為である。他者との間に「適当な距離」を保てなかった熊楠は、世人には到底なれなかったのである。

軍隊という組織においては、特に世人的要素が必要とされる。そこでは強烈な個性は不要なのだ。皆が同じ方向を向かねばならない。そのような状態に、熊楠が馴染《なじ》めるわけがなかった。

学校でさえ馴染めなかったのだから、当然と言えば当然である。

熊楠のこのような気質を理解していた父は、実は熊楠が徴兵されることが心配だったのかもしれない。つまり、軍隊において、例の逸脱行為をしてしまったり、脱走したりすると、それは南方家全体の責任問題にも関わってくるのである。そのような意味でも「危険分子」は早めに外国へ遣《や》るしかなかったのではないだろうか。

2 大学中退と独学の道への助走

パシフィック・ビジネス・カレッジとミシガン州立農学校

一八八七年一月八日、熊楠を乗せた船は、サンフランシスコに到着した。そして、熊楠は、地元の商業学校であるパシフィック・ビジネス・カレッジに入学した。熊楠がこの学校に入学したのは、どうやら、まず本場の英語を学ぶためだったようだ。この学校には、渡米した日本人留学生が、英語に慣れるために一時的に入学することが多かった。そもそも熊楠が、商業（ビジネス）に興味があったはずがない。事実、

商業学校に入りしが、一向商業を好まず。（「履歴書」、『全集』七巻）

などと述べている。では、一時的に英語を学ぶためとはいえ、なぜこの学校になど入学したのか。おそらくこの背景には、父弥兵衛の意向があったと思われる。父としても、熊楠がいくら学問好きだとはいえ、好き勝手に留学させるわけにはいかないと考えたのであろう。それこそ世間的に理解される理由が必要であった。また商人である父としては、熊楠が商業学校に入れば、もしかしたら彼の帰国後、父自身の商売に少しは役に立ってくれるかもしれないという、淡い期待があったのかもしれない。

しかし熊楠は、見事に期待を裏切り、わずか半年ほどでこの学校を退学している。そして、サンフランシスコを去り、一八八七年八月、今度はアメリカ北部のミシガン州立農学校（The State Agricultural College of Michigan、現ミシガン州立大学）に入学した。実は熊楠は、日本にいる頃からこの学校の情報を得ていた。この学校に留学したことのある津田道太郎という熊楠と同郷の人物から話を聞いていたのである。

一八八六年十一月二十日［土］
朝津田安麿氏と倶《とも》に其兄道太郎氏を訪、米国事情を聞く。（『日記』一巻）

津田は、熊楠より四年前にこの学校へ入学した日本人の一人であった。熊楠は、津田からいろいろと話を聞き、この農学校なら自分の好きな植物学や生物学が学べると思ったのであろう。しかし、やはりここもわずか一年ほどでドロップアウトすることになる。その理由は、主に二つあった。一つは、校内における「ヘイズ」（haze）と呼ばれる下級生いじめの問題である。当時、この悪習が日本人留学生を相手に激化していたようだ。「履歴書」によると、熊楠はアメリカ人学生を相手に大立ち回りを演じたようだ。熊楠は、おそらく人種差別的意味合いも含まれていたと思われるこの「ヘイズ」が非常に気に入らなかった。もう一つは、宿舎での「禁酒令」である。熊楠はある日、友人と宿舎でウィスキーを飲み、泥酔して廊下に裸で寝込み、さらにそれを校長に見つかってしまったらしい。これも熊楠が後に「履歴書」の中で語っていることであり、全てが事実かどうかはわからないが、寄宿舎での飲酒の禁止に関しては、当時の日記にも書かれている。

けれども、退学の本当の理由は他にもあったように思われる。以下の文章には、熊楠の本音がよく表れている。

もとより米の新建国にして万事整わざるを知る。米の学問のわが邦の学問に劣れるははなはだしきを知る。…（中略）…いやな学問を無我無尽にやりとおして何の益かある。いわんやこの国学問、ドイツ、イギリス等に劣れること万々、わが日本にさえよほど下れるにおいてをや。（杉村広太郎宛書簡、一八八七年九月九日、『全集』七巻）

アメリカの学校で教わることは何もない、熊楠はそう思っていた。ここには自分が求めているものはないと判断した。いや、彼が求めるものに全て応じてくれる学校や研究機関など、当時世界中どこに行っても見つからなかったはずだ。

日本人留学生との交流とフリーペーパーの作成

ミシガン州立農学校を辞めた熊楠は、農学校のあるランシングを出て、同じミシガン州の南東部、デトロイトの南西にある都市アナーバーへ向かった。ここには、現在でもハーバード大学やイェール大学などと並んで、優秀な学生が入学することで著名な、公立の研究型総合大学であるミシガン大学（University of Michigan）があった。商業学校・農学校をたてつづけに辞めた熊楠は、さすがに「自分には大学や学校といったものは合わない」と悟ったのであろう。彼は、アナーバーへ移住しながらも、結局ミシガン大学に入学することはなかった。ミシガン州立農学校退学後、熊楠は死ぬまで大学どころか学会にも入ることは、一度もなかった。

しかし、この大学の日本人留学生とは、まるで自分も同じ大学の学生であるかのように親しく交流している。例えば、法学部に通っていた茂木虎次郎《もぎとらじろう》（一八六四～一九二八年、政治家、ジャーナリスト、実業家）とは、とりわけ気が合ったようだ。熊楠は、

留学七年中に、日本人として語るべきものは、このもののみに候。（土宜法龍《どぎほうりゅう》宛書簡、日付なし、『全集』七巻）

とまで述べている。また熊楠は、同じくミシガン大学留学中だった福田友作《ふくだともさく》（一八六五～一九〇〇年、『万朝報《よろずちょうほう》』記者、自由民権家）等と『大日本』という邦字新聞を発行し（一八八九年二月）、周りの日本人仲間に配布している。福田が渡米した理由は「アメリカ社会へのあこがれというより、むしろ大阪事件【一八八五年。自由民権家による激化運動の一つ】による国家権力の圧迫からのがれる意図が含まれていた」（藤野正巳「福田友作ノート」）のではないかと言われている。

近年、『大日本』を紹介し、その内容を詳細に検討した新井勝紘《あらいかつひろ》（一九四四年～、歴史学者「民衆運動史」）は、この新聞について、

自由、平等、平和に象徴されるインターナショナルな思考と、道徳、愛国にみられるナショナルな測[側]面との混濁である。（「アメリカで発行された新聞『大日本』考」）

と述べている。『大日本』の社説「大日本発行の主意」（これは福田が執筆したと考えられている）には、

第一吾社ハ大日本国ノ大日本国タル所以《ゆえん》ヲ発表スルニアリ。

とあり、続いて、

誰レカ日本国人ニシテ、彼《か》ノ一時東洋ノ覇権ヲ掌握シ、自カラ扶桑《ふそう》ノ国ト自負スル故郷ヲ、愛慕セザルモノアランヤ。

と述べられている。つまり福田は、日本がアジアの盟主として、東洋の覇権を掌握しなければならないと主張しているのだ。これは新井の言う、まさに「ナショナル」な側面と言うことができるであろう。

一方、熊楠が書いたと思われる「客間一筆」（熊楠は「呑沢生」というペンネームを用いている）という記事には、

欧米文明の宇内《うだい》に輝く、之《こ》れ或《あるい》は異種の文明。即ち、勝てば官軍、負くれば賊の類たらざるなきを保せんや。

と述べられている。つまり熊楠は、欧米文明は、広い世界（宇内）にある、さまざまな異なる文明の中の一つにすぎず、人類の長い歴史の中で、折よく現時点において勢力が優勢なだけなのだと主張しているのである。また、この後に続く文章では、

実に欧米の文化を模し、又理化学上の進歩を追尾すと雖《いえ》ども、之れに及ぶや難し。

と欧米の文化を単に模倣しようとしても、それはそう簡単にいかないとも述べている。つまり熊楠は、素直に欧米文明の優れた点を認めてもいたのだ。そして「東亜特質の文明を造成」し、その上で「諸外邦と拮抗《きっこう》競争」すべきであるとも述べている。要するに熊楠は、西欧文明を十分に認めた上で、東アジアは東アジア文明の優れた点を伸ばし、それをもって西欧と競争すべきだと考えていたのである。さらに、

吾人は宜《よろ》しく東洋固有の特質を発表し、吾人が名誉価値を修得すべきなり。

と、（日本だけではなく）東洋文明の特色を世界に広く示していくことの重要性も主張している。実際、その後の熊楠は、生涯をかけて『ネイチャー』（*Nature*）や『ノーツ・アンド・クィアリーズ』（*Notes and Queries*）等において、東洋文明の特質を西欧人に向けて発表していく

ことになる。熊楠は、日本の文化・宗教等の特色を、東洋の文化・宗教等の特色の一環として捉えていた。それは、熊楠が幼年より『和漢三才図会』や『本草綱目』、『酉陽雑俎《ゆうようざっそ》』（中国晩唐の随筆集。段成式《だんせいしき》著）等に代表される、東アジア（特に中国）の人々が蓄積してきた膨大かつ豊饒《ほうじょう》な「知」に触れてきたことが大きく関係している。

武内善信《たけうちよしのぶ》（一九五四年〜、和歌山市立博物館学芸員）が主張するように、熊楠は、基本的に他の国々の文化・宗教に対して、客観的な見方で接していたと言ってよい。それは当然、東洋だけではなく、西洋の国々の文化・宗教に対しても同様であった（武内善信「南方熊楠におけるアメリカ時代」）。例えば熊楠は、友人の真言僧土宜法龍（一八五四〜一九二二年）への書簡の中で、仏教を中心に物事を語る法龍に対し、キリスト教やイスラム教あるいはジャイナ教等の優れた点を指摘し、もっと偏見のない視点で物事を見なければならないことをしばしば述べている。

また柳田國男に対しても、

白人には白人の長所あり、東洋人には東洋人の長所あり、一を執《と》って他を蔑《べっ》し、一を羨《うらや》んで他は絶望すべきにあらず、（柳田國男宛書簡、一九一一年十一月六日、『全集』八巻）

などと述べている。このような熊楠の姿勢は、やはり先に見た『大日本』の「客間一筆」における主張にも表れている。これこそ、新井の言うこの新聞の「インターナショナル」な側面なのであろう。『大日本』発行の意図は、「大日本発行の主意」からもわかるとおり、ナショナリスティックな側面を前面に押し出すことであった。その中において、先述した熊楠の「インターナショナル」な言説は、やはり異彩を放っていると言えるであろう。ちなみに熊楠は、『大日本』の他にも、より熊楠の個人色の強い『珍事評論』なる新聞も手書きで発行している。

熊楠が渡米前、特に熱中して読んだものとして、東海散士《とうかいさんし》（本名柴四朗《しばしろう》、一八五二〜一九二二年、政治家、小説家）の政治小説『佳人之奇遇《かじんのきぐう》』がある。これは、帝国主義の犠牲となった被圧迫民族の悲劇と、自由・独立の運動と思想を描いたものである。熊楠はこの小説が、自身に与えた影響について次のように述べている。少々長いが以下に引用する。

> 小生十九歳ばかりのときと思う。柴四郎〔朗〕【東海散士】氏『佳人之奇遇』というを著わし、大いにはやれり。その内に一寸の国権を外に延ばすは一尺の官威とかを内にふるよりも急務なりとかありし。小生はこの言を服膺眷々《ふくようけんけん》し、当時（今も）白人ら東洋人を人間とし視《み》ず、開化民は白人、不開化民人は白人外と相場をきめたるとき、米国にあって一論を出だし、そのとき誰なりしか『ポピュラル・サイエンス・モンスリー』に一書を投じ、学問上の迷誤が覚《さ》め来たれる順序を説き、最初地が宇宙の中心と思いし迷いがさめ、次に人が万物の中心と思いし迷いがさめ、耶蘇《ヤソ》教が真理の中心と思いし迷いがさめたというようなことありしに乗じ、それほどさめたに、なぜ白人が人間の中心という迷いがさめぬかと問い

しことあり。…（中略）…また仏人カートルファージュQuatrefages輩、万物と人間のちがうところは人間のみに宗教心あり、万物にはなし、これ人間のもっとも貴きところという。さて、それはよいが、宗教は不可知的をおそるる怖畏《ふい》より出づるという。ダーウィンは、犬が傘の飛びまわるのを見て不思議に思い吠《ほ》ゆるを察して、これ犬等の動物にも宗教の初心すなわち不可知的をおそるる念あるなりという。…（中略）…しからば、犬等すでに不可知的を畏《おそ》るることある上は、これ人ばかり貴き証拠にならず、（柳田國男宛書簡、一九一一年十月十七日、『全集』八巻）

熊楠は、世界において「白人が人間の中心」であるという考えがまかり通っていることに、相当不満を持っていた。否、白人のみならず、「人間だけが貴い」という考え方にも否定的であった。ここに熊楠による国境・人種、もっと言えば生物の枠を超えた普遍主義が垣間見られる。このような考えは、先に示した『大日本』における「客間一筆」にも表れている。

アメリカでの生活——経済状況、読んだ本、住んだ家など

さて、渡米後、熊楠がミシガン大学の日本人留学生たちとしばしば交遊していたことは、すでに述べた。そして熊楠は、同大学には入学せず、思うままに植物採集などに精を出した。またこの頃の熊楠は、切手収集にも夢中になっていたようだ。さらに『ポピュラー・サイエン

ス・マンスリー』（*Popular Science Monthly*）をしばしば購読し、実験と観察に基づいた、いわゆる合理的な近代自然科学に傾倒している姿も見られる。この雑誌には、トマス・ヘンリー・ハクスリー（Thomas Henry Huxley、一八二五〜九五年、生物学者）など、進化論に関する論文が多く掲載されていた。また熊楠は、「ザ・サイエンティフィック・メモワール」（*The Scientific Memoirs*）と題するノートを作成し、『ポピュラー・サイエンス・マンスリー』の論文のいくつかを抜書している。一八八八年八月には『ネイチャー』を購読しはじめている。同年の日記の巻末には「Scientific Books」と題して、百三十一冊もの自然科学に関する書目が挙げられている。値段も記されており、可能であれば購入しようと考えていたようだ。

サンフランシスコにいた頃、熊楠はスティーヴンソン通り四百二十九番地に下宿していた。家賃は一か月十ドルだった。その後、近くの鈴木という人物の家へ移っている。この辺りはいわゆる日本人街であった。しかし街とはいえ、

予サンフランシスコへ着いて、下宿のかたわらに鶏を多く畜《か》う家の鶏が、毎夜規律なく啼《な》き通すに呆《あき》れた……（以下略）（「十二支考　鶏に関する民俗と伝説」、『全集』一巻）

と熊楠が書いているように、我々が想像するより、そこははるかに牧歌的な雰囲気であったようだ。なお、熊楠が下宿していた辺りは、彼が去った後、一九〇六年のサンフランシスコ大

地震によって焼け野原となった。その後の復興により、街並みはすっかり変わってしまった。

ミシガン州ランシングに移った熊楠は、農学校キャンパス内の寄宿舎に滞在している。ここで前述した「ヘイズ」や「飲酒事件」が起こった。熊楠が、同州アナーバーで一番長く滞在したのは、南十二番街（South twelfth street）にある下宿だった。この下宿には日本人が何人かいたらしく、熊楠は、しばしば彼らとお互いの部屋をはしごして酒を飲んでいる。その後、熊楠はフロリダ州のジャクソンヴィル（Jacksonville）に移るが、そこでは、いくつかのホテルを転々とする生活を送った。またジャクソンヴィルでは、何人かの中国人と親しくなり、時に彼らの店の食客（店の雑用をする代わりに食べさせてもらう者）となっている。熊楠が訪れた当時のジャクソンヴィルの人口は、約二万五千人、港湾都市であり、また富裕層が蒸気船や鉄道で訪れる冬のリゾート地でもあった。

> 予米国フロリダ州に流寓《りゅうぐう》し、到る処《ところ》、支那人に寄食し、毎夜彼らが博奕《ばくち》する傍《かたわら》で『水滸伝《すいこでん》』を借覧してみずから娯《たの》しんだ。（「『水滸伝』について」、『全集』五巻）

アメリカ時代の熊楠（ジャクソンヴィルで撮影，1891年3月30日）
写真提供：南方熊楠顕彰館

江聖聡（右）と熊楠（1892年8月19日）
写真提供：南方熊楠顕彰館

身内意識の強い、いわゆる任侠《にんきょう》的な中国人コミュニティがここにはあった。彼らは毎夜、賭博《とばく》も行っていた。熊楠はその傍らで、読書などをしていたようだ。この中国人コミュニティの中で、熊楠が最も親しくなった人物が、江聖聡《こうせいそう》（一八六三〜一九三九？年）であった。

ジャクソンヴィル市で支那人の牛肉店に寄食し、昼は少しく商売を手伝い、夜は顕微鏡を使って生物を研究す。その支那人おとなしき人にて、小生の学事を妨げざらんため毎夜不在となり、外泊し暁に帰り来たる。（「履歴書」、『全集』七巻）

江は温厚な人物で、熊楠の研究にも理解を示し、大変気を使ってくれたようだ。江の営んでいた食料雑貨店は、近年の研究で、ジャクソンヴィルの西チャーチ通り三百番地という場所だったと特定されている（松居竜五《まついりゅうご》「ジャクソンヴィルにおける南方熊楠」）。

一八九一年八月十七日［月］

夜江聖聡余の為に梅方《ばいかた》【梅彬廼《ばいひんだい》（後述）のところ】にて飯を炊く。江聖聡に、書籍、標品入一箱あづける。（『日記』一巻）

熊楠はキューバへ発《た》つ際、書籍や標本など大事なものは全て江に預けていった。熊楠は、江を大変信頼していた。

3　ピストル一挺を持って突然のキューバ採集旅行

「とほうとてつもなき」こと

熊楠は、一八九一年九月から翌年一月まで、キューバに滞在し、さまざまな動植物を採集している。熊楠はキューバのみならず、ハイチ、サントドミンゴ（ドミニカ共和国）といったカリブ海諸国まで行こうとしていたようだ。キューバは、今でも私たち日本人にとって決して馴染みのある国ではない。そこへ行くには、ある程度の勇気が必要だ。後述するように、熊楠が放浪した十九世紀末、キューバはスペインからの独立戦争のさなかにあり、その時期にその地域を訪れることは、まさに死を覚悟した冒険であっただろう。

小生ことこの度とほうとてつもなきを思い立ち、まず当フロリダ州から、スペイン領キューバ島およびメキシコ、またことによれば（一名、銭の都合で）ハイチ島、サン・ドミンゴ共和国まで、旅行といえば、なにか武田信玄《たけだしんげん》の子分にでもなって城塁などの見分にでも往《ゆ》くようだが、全く持病の疳積《かんしゃく》にて、日本の学者、口ばかり達者で足が動かぬを笑い、みずから突先《とっせん》して隠花植物を探索することに御座候て、顕微鏡二台、書籍若干、ピストル一挺《ちょう》提帯罷《ていたいまか》り在《あ》り、その他捕虫器械も備えおり候。虫類は三、四千、隠花植物は二千ばかり集める心組みにて、この辺はあまり欧米人の探索とどかぬ所ゆえ、多少の新発見もこれあるべしと存じ候。（喜多幅武三郎《きたはばたけさぶろう》宛書簡、一八九一年八月十三日、『全集』七巻）

自分の足を使って動き、その目でじかに確かめる——ここには、フィールドワーカー熊楠の、あくなき探究心が見られる。熊楠は、日本に帰ってきてからも、何度も命がけで植物の観察・採集を行っている。那智の山奥では、何度も崖《がけ》から滑り落ちそうになりながらも観察・採集に情熱を傾けている。ちなみに「ピストル一挺」は、熊楠が世話になった中国人コミュニティのボスであった梅彬廼という人物から購入している。当時キューバは、まだスペインの植民地であり、一八六八年から十年間続いた独立戦争は休戦状態にあった（一八九五年に再発）。とはいえ、情勢は極めて緊迫していた。

それにしても熊楠は、本当に「とほうとてつもなき」ことを思いついたものだ。思いついただけではなく、それを実践しているから驚きだ。しかし、その行動はあまりにも極端すぎる。無謀とも言える。熊楠は、もしかしたらキューバあたりの何らかの情報を、後述するシカゴのアマチュア植物学者カルキンス（William Wirt Calkins、一八四二～一九一四年）などから聞いていたのかもしれない。しかしそうだとしても、熊楠にはキューバに関する知識・情報は少なかったに違いない。

キューバに、カリフォルニアやミシガンのように日本人留学生がいるはずもない。いくら語学に長けた熊楠とはいえ、この未知の土地へ行くには、覚悟が必要だったはずである。熊楠はキューバに渡る前、三週間ほどフロリダ半島の最南端に位置するキーウェスト（Key West）に滞在した。彼が粘菌（変形菌）を本格的に観察しはじめたのは、この頃であった。

この頃の熊楠の日記は、抜けが多々あり、中米でどのような生活をしていたのかは、いまだ不明な点が多い。そのことも相まって、キューバ時代の熊楠には、多くの「伝説」が残されている。

サーカス団とともに巡業？

一八九一年九月十六日、熊楠はキューバのハヴァナ市に到着した。熊楠は約四か月間、ここに滞在することになる。キューバでは主に、地衣《ちい》類を中心に植物採集を行った。

一八九一年九月十六日［水］
朝四時ハヴァナ着、七時上陸、ローマグランドコンチネンタルホテルに着（亭主ホンガリア人迎ひに来る）。（『日記』一巻）

熊楠は「自分がこの地方への先着の日本人」と思っていたが、実は熊楠より先に訪れていた日本人がいた。その中の一人が、川村駒次郎《かわむらこまじろう》（生没年不明）である。川村は、当時キューバを巡業中のサーカス団の一人だった。

一八九一年十月二十七日［火］
朝川村駒次郎氏来訪、人物至て美なる人也。良久《ややひさし》く話して去る。氏は曲馬師也、弟二人（二は十一、一は七才）つれ来り有る由。一昨年九月桑港《サンフランシスコ》よりテキサスを経てメキシコに入り、それよりキュバに来り、ハイチ、ヤマイカ、ポートリコよりヴェネヂュラに往《ゆけ》る又帰りしはしけの内に此家の亭主にあひ、予の此家に在るを知り、旧里の人なつかしく尋ねられたりと也。（芸名 京極駒治《きょうごくこまじ》。）此前には天津《てんしん》よりカルカッタ迄《まで》行きし由。（『日記』一巻）

熊楠は川村と大変親しくなり、しばしば川村のもとを訪れ、ある時には川村の熱病の看病までしている。

一八九一年十二月十五日［火］
昨日より川村氏熱病、余毎日夜看病す。（『日記』一巻）

中南米において、最も恐れられていた病は、黄熱病（中南米、アフリカ地域の風土病）であった。一八九八年二月、スペイン領であったキューバでは、独立を支援するアメリカとスペインとの間で戦争が勃発《ぼっぱつ》した（米西キューバ戦争。熊楠はこの頃はすでにキューバを去っている）。アメリカの圧倒的勝利に終わった戦争であったが、その後駐屯したアメリカ兵は、この黄熱病に苦しめられ、数千人のアメリカ兵が感染して死亡した。一九二八年、アフリカで黄熱病を研究していた野口英世《のぐちひでよ》（一八七六～一九二八年）が、自身も罹患《りかん》して亡くなったことはよく知られている。当時、黄熱病は脅威そのものであった。

果たして川村が黄熱病だったのかはわからない。熊楠の日記などから推測すると、川村はこの熱病が直接の原因で亡くなったわけではないようだ。しかし、川村を看病したという記述以降、キューバでの日記において、彼の名は出てこない。

さて、熊楠を知る人たちの間で語り継がれているように、熊楠は川村の所属していたサーカス団とともに西インド諸島を巡ったという話は本当であろうか。確かに、川村を頻繁に訪ねていた以上、他のサーカス団員とも交流することはあったかもしれない。しかし、熊楠がこのサーカス団の象使いの助手や書記として、西インド諸島（ハイチ、ベネズエラ、ジャマイカなど）をともに回ったという決定的な証拠はない。日記にも記されていない。また、サーカス団に届けられてくる各国のラブレターを、得意の語学で読んでやり、彼女らのために返信用の恋文まで書いた、という話も、実証的研究から言えば、証拠不十分ということになるであろう。しかし、熊楠自身は後に以下のように述懐している。

曲馬中の芸女のために多くの男より来る艶簡《えんかん》を読みやり、また返書をその女の思うままにかきやり、書いた跡で講釈し聞かせ、大いに有難がられ、少々の銭を貰《もら》い、それで学問をつづけたること良久《やや》しかりし。（柳田國男宛書簡、一九一三年一月二十四日、『全集』八巻）

ちなみに娘の文枝も、

曲馬団の人たちにくるファンからのラブレターの返事を代筆したり。どのように書いたのか知りませんけれど（笑）。しかしたいへん勉強になったと話しておりました。（南方文枝他『素顔の南方熊楠』）

と父の言葉を回想している。さまざまな「伝説」に彩られたキューバでの生活だが、熊楠がサーカス団と何らかの交流があったことは事実で、当時の日本人として極めて稀有《けう》な経験をしていたことも、また事実である。

一八九二年一月七日、熊楠はハヴァナを発ち、九日、約四か月ぶりにジャクソンヴィルに到着した。

キューバ独立戦争に参戦し負傷した？

斯《か》くて〔ママ〕西紀一八九二年（明治二十五年）に、曲馬団の一行がキューバ島に到り興行した際、同島の革命軍が、スペインの統治から脱却せんとて独立を企て宣戦し、物情頗《すこぶ》る騒然たるものがあつた。熱血児である若き日の翁【熊楠】は、革命軍が祖国を愛する意気に共鳴し、空拳を揮《ふる》つて義軍に加はり、各地に転戦して功名を顕《あら》はしたが、偶々《たまたま》、敵兵に狙撃《そげき》されて、左胸部に盲貫銃創《もうかんじゅうそう》を受け、野戦病院に後送された。（中山太郎《なかやまたろう》『学界偉人 南方熊楠』）

この中山太郎（一八七六～一九四七年、民俗学者）によって作られた「伝説」における熊楠は、キューバで左胸に盲貫（管）銃創（銃弾が体内にとどまっている傷）を受け、野戦病院へ運ばれたことになっている。そして傷が癒《い》えた後、熊楠はロンドンへ渡り、すでに友人であった中国の革命家孫文《そんぶん》（Sun Wen、一八六六～一九二五年）を、彼が監禁されていた支那公使館へ夜な夜な忍び込み、救出することに成功したという。これらはもちろん、全て「伝説」である。熊楠と孫文が初めて会ったのは、一八九七年三月十六日、大英博物館の東洋書籍部初代部長ダグラス（Robert Kennaway Douglas、一八三八〜一九一三年）の部屋においてである（第3章第2節参照）。

中山太郎さんのご本には「敵兵に狙撃されて、左胸部に盲管銃創を受け、野戦病院に後送された」とありますけど、胸はきれいでしたし……。孫文を救い出したというのも怪しいですね。父がまだ和歌山におりました頃、孫文が来たことはございましたが。（南方文枝他『素顔の南方熊楠』）

娘の文枝は、キューバ独立戦争参戦の話も、孫文救出劇も否定している。

このような「伝説」の中には、熊楠自身が宴席などでリップサービスとして語ったものもある。しかし、その流布は何といっても、熊楠没（一九四一年十二月）後、真っ先に出版された中山による『学界偉人 南方熊楠』（一九四三年一月）によるところが大きい。この書は、南方熊楠という人物を世に広く紹介することに大きく貢献したが、一方で事実とは異なる伝説の巨人、南方熊楠を作り出すことにも寄与した点は否めない。しかし、このような「熊楠伝説」が真実のように信じられてきたのは、熊楠がそのような「伝説」にふさわしい人物だったという背景があったからだろう。並みの日本人留学生であったならば、このようなことを語っても、まず信じてはもらえまい。熊楠だからこそ「もしかしたらあり得るのでは……」、あるいは「あって然《しか》り」とさえ人々に思わせたのである。つまり熊楠という人物が、このような壮大な「伝説」に耐え得るほど魅力的だったということなのである。

新種の苔を発見――植物学者カルキンスとの交流

熊楠によるフロリダ、キューバ採集旅行に大きな影響を与えた人物、カルキンスについて少し述べておきたい。カルキンスは、アメリカのアマチュア植物学者（菌類・地衣類）、弁護士であり、熊楠と頻繁に文通と標本交換を行った人物である。南北戦争に従軍した軍人でもあった。熊楠との交流は、一八九〇年頃に始まったようだ。熊楠の日記には一八九〇年十二月十四日に、初めてカルキンスの名前が出てくる。熊楠がアナーバー（ミシガン州立農学校）にいたときである。

一八九〇年十二月十四日［日］
夜遅く迄前日カルキンス氏より所着の菌耳《きんじ》類分類目録を作る（今日にて凡《およ》そ五連夜）。（『日記』一巻）

熊楠とカルキンスがどのような経緯で文通を始めたのかは不明である。熊楠は一八九一年四

W. W. カルキンス
写真提供：南方熊楠顕彰館

月二十九日、アナーバーを発ち、フロリダのジャクソンヴィルに着く。

フロリダで地衣《こけ》類を集むるカルキンス大佐と文通上の知人となり、フロリダには当時米国学者の知らざる植物多きをたしかめたる上、明治二十三年〔二十四年の誤り〕フロリダにゆき、……（以下略）（「履歴書」、『全集』七巻）

と、後年熊楠は振り返っている。つまりフロリダ行きの背景には、カルキンスとの関わりがあったことがうかがえる。カルキンスは、しばしば冬の保養を兼ねてフロリダへ採集旅行をしている。また熊楠へ、自分に会いに来るように促しているが、結局生涯二人は一度も会うことはなく、書簡のやりとりのみに終わった。

熊楠がキューバにいた頃、カルキンスから熊楠へお金が送られている。

一八九一年十二月二十一日〔月〕
コロネルカルキンス氏より金子《きんす》着。（『日記』一巻）

これはつまり、日本の若者がキューバという未開の地で、それほど（資金を用立ててもらえるほど）重要な採集・調査を行っていたということであろう。あるいは、カルキンスが熊楠にキューバでの何かしらの調査を依頼していたのかもしれない。

キューバにおいて熊楠は、植物や地衣類、昆虫、両生類にいたるまで、さまざまなものを採集した。そして、熊楠がカルキンスへ送った標本の中には、地衣の新種があった。カルキンスから熊楠への手紙（一八九二年四月十八日）には以下のようにある。

My dear Mr. M, I have just heard from Dr. N. who calls your *No. 2.* sent to me by you *Gyalecta cubana,* Nyl. *new species.* I wrote him that you were the discoverer and to give you due credit.

親愛なる南方氏へ。私はたった今、ニランデル博士から手紙を受け取りました。あなたが私にキューバから送ってくれた標本2を新種のギアレクタ・クバーナと名付けたそうです。私は、発見者はあなたであり、その正式な権利はあなたにあると書いておきました。（松居竜五「ジャクソンヴィルにおける南方熊楠」）

ギアレクタ・クバーナ（*Gyalecta cubana*）とは、ピンク色の子実体《しじったい》（胞子を形成する構造体）

を持つ石灰質の地衣である。熊楠は後に、

これ東洋人が白人領地内において最初の植物発見なり。(「履歴書」、『全集』七巻)

と自慢げに語っている。

羽山繁太郎の死

熊楠のアメリカ時代を締めくくるにあたり、もう一つ重要な出来事を記しておかなければならない。それは「深友」羽山繁太郎の死去である。一八八八年十一月二十五日のことであった。熊楠は、翌年一月七日にこの知らせを受けた。ちょうどミシガン州立農学校を退学し、ミシガン大学の日本人留学生と親しく交わっていた頃である。熊楠はこの後、羽山兄弟の夢を何度か見ている。以下は、そのなかでも最も印象深い夢の記述である。

一八八九年四月二十四日［水］
昨朝亡羽山繁次［太］郎を夢み、予、君死たるはうそなりやと問ふに答へず。今朝羽山蕃次郎子を夢む。今夜を徹していねず。(『日記』一巻)

繁太郎の死がよほどショックだったのであろう。「君が死んだというのは嘘《うそ》ではないのか」と繁太郎に問う夢を昨朝見たと書かれている。そして、その日の朝は蕃次郎を夢に見ている。その夜、熊楠は眠ることができなかった。ちなみに、この夢の三日後の四月二十七日に、熊楠は持病の癲癇発作を起こしている。

熊楠は、この日記の記述において、繁太郎の名前を繁次郎と書き間違えている。ここには注意が必要である。おそらく、熊楠は無意識のうちに書き間違えたのだと思われるが、彼のなかでは、繁太郎と蕃次郎は区別がなかったようだ。つまり、熊楠のなかでは、繁太郎と蕃次郎は「二人で一人」のような在り方をしていた。事実、書簡や論考等で、羽山兄弟を語る際は、必ずと言ってよいほど、繁太郎と蕃次郎とを併せて書いている。片方のみを語ることは、ほとんどないのである。

熊楠は、おそらく日本を発つときから予想していたとはいえ、「深友」羽山繁太郎の「欠落」に落胆した。また、アメリカの若く新しい学問に失望した。このような熊楠を満たしてくれる可能性のある場所——それは、当時世界中の知と博物が集まっていたロンドンの大英博物館しかなかった。

一八九二年九月十四日、熊楠はアメリカを発った。

第3章　大英博物館の日々——ロンドン時代

1　学問のメッカ、ロンドンへ

「学問と決死すべし」

キューバおよびフロリダでの生物採集は、苛烈《かれつ》を極めた。激しい暑熱で、熊楠はしばしば体調を崩している。また、キューバにおいては、ジッガー虫という蚤《のみ》のような虫を避けるために、また険しい岩山を登るために、特注の厚底の靴を履いていた。そのせいで、熊楠は足を痛め（脱疽《だっそ》〔壊死《えし》して腐敗すること〕のようになって）、晩年までその後遺症が残ったようだ。

予は往年キュバ島へ行った時、身体不相応の重量ある深靴を穿《うが》ち、岩山を歩き廻《まわ》った。それは、かの島到る処、ジゴ一名ジッガーなる虫多し。蚤に似た細《こま》かい物で、好んで足の指の爪《つめ》の下に食い入り、最初は何も覚えぬが、肉中で豌豆《えんどう》のごとく膨張し、何とも言えぬ痒《かゆ》痛《いた》さを起こし、人をして苦悩のため起《た》つことも伏すことも成らざらしめる。島人これを防ぐとてみな跣足《はだし》で歩き、家に還《かえ》るごとに足の爪の下を探って一々これを駆除する。靴をはけば反《かえ》って虫の侵入が多いと言うた。しかるに、予は跣足で岩山を歩行は至難と考え、あらかじめ至って深い靴を拵《こしら》えて往った。かの島にはかようの靴を修繕など思いも寄らぬから、一両年は行き通しに行いても減らぬように、きわめて厚く靴の底を打たせたので、虫の患は防ぎ得た代りに、靴の重さに堪え兼ねて足が脱疽のごとくなり、のち英国に渡ってより寒冷の日ごとに足がしばしば脱け落ちるように感じ、一時は全く両足を切り除かにゃならぬなど聞いたが、種々養生して、幸いに事なきを得た。（「上京日記」、『全集』十巻）

また、以下の書簡に見られるように、熊楠は慣れない土地の暑熱にやられ、一時はロンドン行きをやめ、帰国しようかとさえ思ったようだ。

小生も今年になりて一滴も口に入れず、性行ははなはだよろしく相成り候えども、身体ははなはだ衰え、一時は渡英を止《や》め、帰国せんかとも存じたることに有之候。（羽山蕃次郎宛書簡、一八九二年六月二十一日、『全集』七巻）

熊楠は、キューバで新種の地衣を発見するなど、生物採集において一定の成果を収めた。しかし、彼は全く満たされていなかった。熊楠は、まだ欠けたままの不完全な状態だった。欠けた何かを求めて、つまり「完全な状態」を希求し、彼は当時の知のメッカ、ロンドンへと旅立つ。熊楠の目指すもの、彼自身はそれを「一切智《いっさいち》（全てを知りつくす者）」と言う。
一八九二年九月二十一日、熊楠を乗せたシティ・オブ・ニューヨーク号は、リヴァプールに到着した。到着した熊楠を、まず待っていたのは、尊敬する父の訃報《ふほう》であった。

一八九二年九月二十八日［水］
午後中井《なかい》氏を正金《しょうきん》銀行に訪ふ。書状常楠より一を得。
此日、銀行え行く途中、昨日所得常楠状を読、父大病の由を知り、銀行出て後、車中にて今日所得父の訃を読む。（『日記』一巻）

熊楠は、父が亡くなったことを弟常楠からの手紙で知った。父の死は、熊楠に相当なショックを与えたに違いない。亡き父に誓うかのように、三年後の一八九五年の日記の見返しには、以下のような書き込みが見られる。

学問と決死すべし。（『日記』一巻）

熊楠の決意は、命懸けのものであった。アメリカとキューバで、命を賭《と》して採集・観察活動

（フィールドワーク）に励んだように、今度はロンドンにおいて、古今東西の書籍（知）の筆写と研究に励むようになる。熊楠は、各地を転々とし、野外採集・観察活動に積極的だったアメリカ時代とは異なり、ロンドン時代は、大英博物館を中心に、ほとんど市内の、しかも限られた範囲内で過ごしている。大英博物館の円形閲覧室（図書館）が、彼の特別な居場所だった。

フィールドワーク（野外採集・観察活動）からデスクワーク（館内筆写・研究活動）への移行——。これは、熊楠のなかでフィールドワークが一段落ついたということではない。熊楠にとっては、生物採集も書籍の筆写も、根本的には同じ事柄なのである。つまり対象（生物・書籍）へ入り込むことで、あるいはその対象を自身へ取り込むことで、「完全な状態」を求めていたのである。

五十二冊の「ロンドン抜書」

世界最高峰の「知」を集めた図書館を擁する大英博物館は、熊楠のまさに求めていた場所だった。ここで熊楠は、古今東西の書籍を読みあさり、そして筆写した。幼い頃、『和漢三才図会』を書き写したときと同じように、熊楠は、古今東西の書籍を書き写した。もちろん挿絵も描き写した。得意の語学を生かし、熊楠はさまざまな国の書籍を読みこなすことができた。この頃の熊楠の日記には「○時より○時迄書籍室」という記述ばかりが並んでいる。その姿は「水を得た魚」どころではなかった。水の中には今まで口にしたことのないような「餌《えさ》」があ

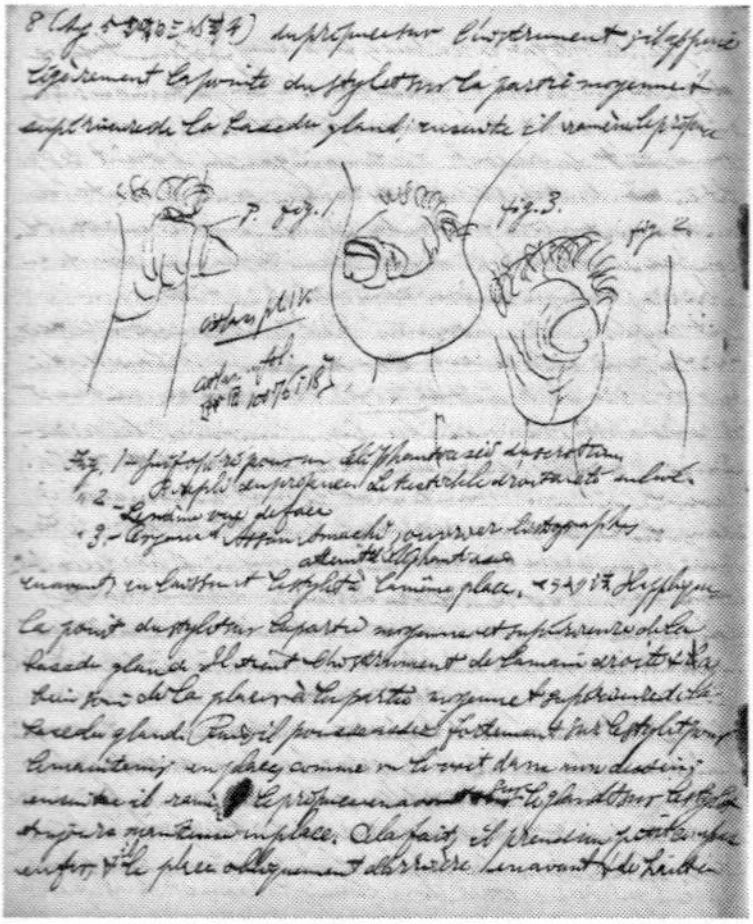

「ロンドン抜書」より男性器の図（35巻8頁）
写真提供：南方熊楠顕彰館

ふれていた。熊楠は「水」の中で大きく口を開け、入ってくる「餌」をどんどん呑みこんでいった。

熊楠がロンドン時代を通して書き写したノートを、通称「ロンドン抜書」と言う。びっしりと隙間《すきま》なく書かれたそのノートは、五十二冊、各冊二百五十～二百七十頁、計一万数千頁に及ぶ。「ロンドン抜書」の内容の全貌《ぜんぼう》はいまだ明らかではないが、それは一八九五年四月から帰国する一九〇〇年八月までの膨大な量の書き抜きである。しかもそれは、

　日本などでは見られぬ珍書五百部ばかり……（以下略）（「履歴書」、『全集』七巻）

であった。書き写した書籍・文献は、旅行記・民族誌・説話・自然科学、そしてセクソロジー（性愛学）についての事柄が多い（詳細は後述）。

熊楠は「ロンドン抜書」を作成することで、今後の自身の論文執筆に役立てようとしたのか。

最初からそのような意図の下、熊楠は膨大な量の抜書ノートを作成したのか。筆者は、決してそうは思わない。この抜書は、熊楠のいわば「内側」から出てきたもので、それは表面上の目的とは異なる。後述するように「ロンドン抜書」において大きな比重を占めるのは、セクソロジー関係だが、『ネイチャー』や『ノーツ・アンド・クィアリーズ』などの洋雑誌に寄稿した論考には、セクソロジーを主題にしたものはない。つまり論文執筆の材料とするという目的は、あくまで表面上の事柄で、本当は、ただひたすら熊楠自身の「欠落」を補うためだったと思われる。熊楠は、自分が強くひきつけられる事柄を、いわば無批判に書き写したのではないだろうか。そうでなければ、これほど横断的な種類の書籍を膨大に書き写すようなことはしなかったであろう。そもそも、熊楠が論考を書く理由は「素晴らしい論考を書いて、人々からよい評価を受けたい」ということを超えていた（少なくとも名声のためだけではなかった）。熊楠が論考を書いたのは、筆写し蓄積した（しすぎた）知を、文字（文章）という形で吐き出し、熊楠自身の内にスペースを空けるためだった。

後年、熊楠は「ロンドン抜書」に関して、以下のように述べている。

小生、大英博物館で写せしもの、前日計《かぞ》えしに四万八百枚あり（頁にあらず）。わが邦で見られぬもの多く、またアルメニア、アラビア、ペルシア等の語で、わが邦人が読み得ぬものの多し。このままでは実に無用の長物なり。さりとて出板は思いもよらず。（中にはごくごく専門の人の外、解し得ぬこと多し。）火災の恐れもあれば、そのうちわが邦で普通の学者輩に分かるべきことども和訳して控え置かんと思い、かかりおるが、眼悪くなりてより全廃せり。小生死んだらほんに無用の長物なり。幸いに眼つぶれなんだら、小生老耄《ろうもう》後、誰か銭出してくれ、右の写本を全訳して、一本、内閣辺へのこしおくことに世話しくれる人なきか。（柳田國男宛書簡、一九一四年六月二日、『全集』八巻）

ロンドンから帰国して十四年後、熊楠は、官僚出身の民俗学者柳田國男への書簡の中で、この「ロンドン抜書」を和訳して、国の機関などに保存することはできないか、と尋ねている。しかしその後、この件に関して柳田からの協力はなかったようだ。結局、「ロンドン抜書」は清書・和訳されることなく、つまり熊楠の直筆のまま、現在まで残されている。

ロンドンでの生活——経済状況、読んだ本、住んだ家など

熊楠はロンドン時代、数度住居を変えている。そのなかでも約四年半の間（一八九三年五月〜九七年十二月）住んだのが、ロンドンの西はずれの新興住宅街ケンジントンにある下宿だった。自然史博物館（The Natural History Museum、もともとは大英博物館の自然科学部門の分館であった。一九六三年に独立機関に移行）にほど近いこの下宿から『ネイチャー』へ多くの論考が投稿され、また「事の学」もこの下宿で生まれた（「事の学」については後述する）。この下宿には、

さまざまな人々が訪れた。

> しかして、この二階へ来たり泊《とま》り、昼夜快談せし人に木村駿吉《きむらしゅんきち》博士等の名士多く、また斎藤七五郎《さいとうしちごろう》中将…（中略）…加藤寛治《かとうひろはる》、鎌田栄吉《かまたえいきち》、孫逸仙《そんいっせん》【孫文】、オステン・サッケン男【爵】等その他多し。（「履歴書」、『全集』七巻）

この下宿には、木村駿吉（一八八六～一九三九年、海軍技師、通信技術者）や孫文なども訪れた。下宿の様子に関しては、特に、ロシアの男爵オステン＝サッケン（Carl Robert Osten-Sacken、一八二八～一九〇六年、昆虫学者、外交官）が訪問した時の、ある出来事が端的に物語っている。一八九三年十二月、オステン＝サッケンは『ネイチャー』において、自身の論考「古代のビュゴニアについて」を補完するための材料提供を募っていた。それに対して応えたのが、熊楠であった。熊楠は、中国や日本の文献を引用し、オステン＝サッケンの募集に応えるように論考「蜂《はち》に関する東洋人の諸信」（*Some Oriental Beliefs about Bees and Wasps*、熊楠による『ネイチャー』第三作）を寄稿した（『ネイチャー』一八九四年五月十日、五十巻千二百八十号掲載）。オステン＝サッケンは、ロンドンに滞在した際、この時の礼を言うために、わざわざ熊楠の下宿を訪ねてきたのだ。しかし、下宿訪問は、わずか二十分ほどであった。熊楠いわく、これは、下宿のあまりの汚さに耐えかねた結果だったようである。

この老人【オステン＝サッケン】（六十四歳のとき、小生と文通始む）小生を非常に崇重《すうちょう》され、ロンドンの馬部屋の二階に小生一日一食しておる処へ馬車にて尋ねられ、小生近処より茶器かり来たり茶を出せしに、小生の生活あまり汚いから茶を呑《の》めば頭痛すとて呑まずに去られし珍談あり。（柳田國男宛書簡、一九一一年十一月二十八日、『全集』八巻）

熊楠の下宿は、おびただしい数の書籍と標本で足の踏み場のない「何とも知れぬ陋室《ろうしつ》」（「履歴書」）だった。「陋室」とは、とても狭くてみすぼらしい部屋のことである。老男爵は、熊楠に感謝しつつも、やはりこの部屋の汚さには、耐えられなかったようである。

また、この頃の熊楠は「一日一食」という、極めて質素な生活をしていたことがうかがえる。生活が困窮したときには、飲み仲間の高橋謹一《たかはしきんいち》（生没年不明）とともに、浮世絵に解説文を付けて売り歩き、小銭を稼いだりもした。小銭稼ぎと言っても、時には二十点の浮世絵が、九百円で売れたこともあった。さすがにこの時ばかりは熊楠たちも驚いたという。九百円というと、熊楠の実家からの仕送りのだいたい一年分にもなる。このように高額で浮世絵が売れた背景には、当時、ロンドンにおいて、ジャポニズム（日本趣味）が流行していたことが挙げられる。一八六二年のロンドン万国博覧会によって、イギリスでは日本文化への関心が非常に高まり、浮世絵のみならず、『ミカド』や『ザ・ゲイシャ』などのオペレッタ、ミュージカルなども人気を博していた。

ロンドン時代、前述のように、和歌山の父弥兵衛が亡くなり、家督は兄藤吉が継いだが、実際に実家の切り盛りは、三弟の常楠が行っていた。ロンドン滞在期、実家（常楠）から熊楠への送金額は、以下の通りである。

一八九三年：一〇六七円二六銭／一八九四年：一〇九〇円／一八九五年：一五二〇円／一八九六年：一三一〇円／一八九七年：九〇〇円／一八九八年：九一九円（松居竜五「南方熊楠の海外での活動に関する資料の収集と分析」）

当時（十九世紀末）において、毎年海外へ千円前後の仕送りをするというのは、南方家の相当な財力を示唆している。しかし、ロンドンは当時大変な物価高で、実は千円と言っても、一年間の生活費としては、かなりギリギリであった。熊楠は「日本の五十銭、当地の十二銭ばかり」と述べている。つまり、ロンドンの物価は日本の四倍ほどであった。熊楠が、いくら富裕な実家から仕送りをしてもらっていたとはいえ、それはロンドンで生活していくためには最低に近い収入であった。一八九五年の日記の見返しには、以下の文が綴《つづ》られている。

大節倹の事。

日夜一刻も勇気なくては成ぬものなり。
ゲスネルの如くなるべし。
大事を思立しもの他にかまふ勿《なか》れ。（『日記』一巻）

実家からの仕送りだけではギリギリの生活だった熊楠は、「大節倹」しなければならなかった。また熊楠は、このとき「ゲスネル」のようになろうと、あらためて決意したようだ。あらためてというのは、以下の日記に見られるように、熊楠はアメリカ時代に、すでにこの「誓い」を立てていたからだ。

一八八九年十月二十一日［月］
夜感有り、コンラード・ゲスネルの伝を読む。吾れ欲《ねがわ》くは日本のゲスネルとならん。（『日記』一巻）

ゲスネルとは、スイスの大博物学者コンラート・ゲスナー（Conradvon Gesner、一五一六～六五年）のことで、大著『動物誌』が有名である。熊楠は、ことあるごとにゲスナーを讃《たた》えている。ゲスナーが熊楠に影響を与えたのは、彼の著作よりも、その生き方だったようである。チューリッヒの貧しい毛皮商人の家に生まれたゲスナーは、戦争による父の死去などの不幸や貧困にも耐え、得意の語学を生かして植物の『目録』や、ギリシャ語・ラテン語の『辞典』を編纂した。また動植物調査のため、アルプスやアドリア海沿岸まで足を延ばしている。このような生き方に、熊楠は自身を投影し、共感していた。

熊楠は、大英博物館でこのゲスナーの『動物誌』の一部を筆写している。『動物誌』の他に、熊楠が関心を持って読んだ書物は「ロンドン抜書」からおよそ知ることができる。例えば、マルコ・ポーロの『東方見聞録』やラムージオ（Giovanbattista Ramusio、一四八五～一五五七年、歴史家、地理学者）の『航海・旅行集成』などの旅行記の他、民族学・人類学関連の書籍があるが、その中で異彩を放っているのがセクソロジー関連の書籍である。『医学百科事典』の中の「男色」に関する項目や、『イスラム事典』の中の「性的倒錯《とうさく》」の項目、ヴォルテール（François-Marie Arouet〔Voltaire〕、一六九四～一七七八年、哲学者、歴史家）の『哲学事典』から「オナニズム」や「少年愛」に関する項目などを抜書している。後に熊楠は、宮武外骨《みやたけがいこつ》（一八六七～一九五五年、著述家、風俗研究家）に宛てた書簡（一九一二年五月二十七日、『全集』別巻一）においても、自分は大英博物館で「pornography（淫画学《いんががく》）」を研究していたと述べている。「ロンドン抜書」は、一八九五年四月から始まるが、六月にはさっそくセクソロジーに関する抜書を始めている。

このようなセクソロジーに関する抜書の背景には、熊楠個人の性的傾向（バイセクシャル的〔あるいはトランスジェンダー的〕傾向）が見え隠れしている。熊楠は、どうも渡米前、「深友」

であった羽山兄弟と何らかの性的関係があったようだが、彼がセクソロジーに特別な関心を持った理由には、このような個人的背景があると思われる。

失われた「片割れ」を求めて

前述のように「深友」羽山兄弟の兄繁太郎は一八八八年十一月二十五日に、弟蕃次郎は一八九六年十二月三日に、両者とも肺病を患って死去しているが、ロンドン時代、熊楠は以下のような夢を見ている。

一八九七年十二月二十三日［木］
朝、羽山蕃とやる夢を初て見る。（『日記』二巻）

一八九八年四月二十八日［木］
朝羽蕃、前よりやる夢みる、ぬく。（『日記』二巻）

これらは、「深友」とのまさに「intimate」な夢である。以下は、ロンドン滞在時の熊楠の日記の抜粋である。

一八九九年七月七日［金］

午後美術館に写。それよりベイスウォーターに入浴。帰途クインス・ロードの酒店（ステーションの北隣）に、去年チェルセア・ステーション辺の酒店にありし女、羽山繁太郎によく似たるもの、予の声をきゝ知り声かくる。それよりバスにてシェパードブシュに至り、歩してハンマースミスより帰る。（『日記』二巻、傍線——筆者）

一八九九年七月二十五日［火］

午後美術館に写（門氏と飯田氏方にあひ、共に）。それよりハイドパークを経てクインス・ロードに至り、酒店にて別嬪《べっぴん》、羽山繁に似たるものにあひ、四片只《ペンスただ》【チップとして四ペンスをあげた】なげのこと。それよりアールスコートをへて帰る。（『日記』二巻、傍線——筆者）

この、羽山繁太郎に似た女性に関する記事は、これら以外にも、この時期しばしば日記に見ることができる。熊楠はロンドンにおいて、繁太郎を、この女性（バーメイド〔バーで客の接待や給仕をする女性〕のクレンミーという女性）に投影していたのだ。また、一八九八年七月六日［水］の日記には以下のような記述がある。

群集中、故蕃次郎によく似たる十六斗《ばか》りの子あり。(『日記』二巻)

このように熊楠は、繁太郎のみならず、蕃次郎の面影も他者に投影していたのである。繁太郎は、もうこの世にいない。もう二度と「intimate」な関係を結び、一つに溶け合うことはできない。道成寺の瓦の「半分」は一生手に入れることはできない。熊楠は一生「片割れ」を失った不完全な状態で生きていかねばならなかった。しかし、熊楠は「完全性」をどうにか手に入れようと、「片割れ」の代わりを見出そうとしていた。熊楠も、意識の上では羽山兄弟とまるで同じ、完璧《かんぺき》な「片割れ」を見つけることは、実際には不可能だということは理解していたはずである。しかし、彼の無意識はやはり「片割れ」を求めつづけていた。その結果、夢という形となり、あるいは「幽霊」という形となり、熊楠の前に現れることになった。前述の日記に見られるように、時には、酒場で出会ったクレンミーという女性にその「片割れ」を投影していた。熊楠はこの頃、繁太郎の写真を大事に紙入れにしまって常に携帯していた。

ところが、一八九九年九月十八日［月］の日記には、

羽山に似たる別嬪来り手握《にぎら》んとす。予不答《こたえず》、別嬪怒り去る。(『日記』二巻)

とある。熊楠は、繁太郎の「代替者」を作り出した。しかし、クレンミーがクレンミー自身

として熊楠に近寄って来た瞬間、熊楠は現実に引き戻された。熊楠は、彼の「片割れ」と、今触れようとしているクレンミーが、合致しないことに気付いてしまったのだ。つまり熊楠は、現実においてクレンミーを跳ね返すと同時に、クレンミーから跳ね返されたのである。

熊楠が、亡き繁太郎として作り出した他者は、ロンドンの酒場のクレンミーだけではなかった。これは日本に帰国してからのことになるが、ある子供に繁太郎が「転生」するという形をとって彼の目の前に現れることになる。

一九二三年十一月二十二日［木］
夜読書す。二時過臥す。三時迄不眠、それより少眠して故羽山繁太郎なり、今夜つれ来りし井潤《いたに》氏の子に転生せりと知ると夢み、さむれば四時前也。それより又眠る。（未刊行日記）

井潤氏とは、紀伊田辺の熊楠邸内の借家（長屋）に住んでいた人物（教師）である。その子満《みつる》を熊楠は非常に可愛がったという。熊楠が子供好きだったことはよく知られているが、この満は、そのなかでも別格であった。この頃の日記には、毎日のように満の事柄が記されている。繁太郎が「幽霊」などではなく、実際に人間の子として「転生」したのであるから、当然かもしれない。しかし、この満からもおそらく熊楠は、いずれ跳ね返されるはずである（満が熊楠の日記にたびたび登場するのは一九二三〜二五年頃である。一九二六年以降の日記は、ほとんど未翻刻のままではあるが、少なくとも羽山兄弟のように、熊楠が日記以外の書簡や論考などで満を取り上げることはなかった)。完全に合致する繁太郎の代わりなど、永遠に存在しないのだ。

2 『ネイチャー』投稿と大英博物館

処女論文「東洋の星座」

熊楠は、生涯を通じて『ネイチャー』に、実に五十一編もの論考を載せている。『ネイチャー』の日本特派員だったアラン・アンダーソン(現『ニューサイエンティスト』編集長)の計算によると、これは、世界各国の寄稿者の中でも、著者一人当たりでは歴代最高の本数であるという(『朝日新聞』二〇〇五年一月十五日夕刊)。とはいえ、熊楠による掲載論考は、「編集部への書簡」(Letters to the Editor)の欄に掲載されたものばかりである。「つまり(今日の尺度でいえば)原著論文ではなく、短報」(田村義也《たむらよしや》「南方熊楠と『Nature』誌」)である。しかし、全ての投稿論文が掲載されるわけではなく、編集部による査読もあった。熊楠の論文も、五本が掲載不可になっている。

『ネイチャー』は、イギリスの天文学者ノーマン・ロッキャー(Sir Joseph Norman Lockyer、一八三六～一九二〇年）によって、一八六九年に週刊の総合科学雑誌として創刊された。構成は、まず「著名な科学者に依頼した概説的な論文」が置かれ、続いて「科学書の書評・紹介」「編集部への書簡」「学会・研究会報告」となっていた。当時の『ネイチャー』は、現在のように自然科学研究だけというわけではなく、考古学や文化人類学関連の記事なども掲載されていた（松居竜五他『南方熊楠大事典』「投稿と応答」の項参照）。

熊楠の、記念すべき初掲載論考は「東洋の星座」（The Constellations of the Far East）であった（『ネイチャー』一八九三年十月五日、四十八巻、千二百四十九号掲載）。一八九三年八月十七日号の『ネイチャー』読者投稿欄に、M・A・Bというイニシャルだけの人物から、五つの質問が載せられた。熊楠は、この質問のうちの二つに答える形で論考を執筆した。

一八九三年八月十七日［木］
本日のネーチュールにM．A．B．なる人、星宿構成のことに付五条の問を出す。予、其最後二条に答んと起稿す。（『日記』一巻）

そして八月三十日に、論考は完成する。

一八九三年八月三十日［水］

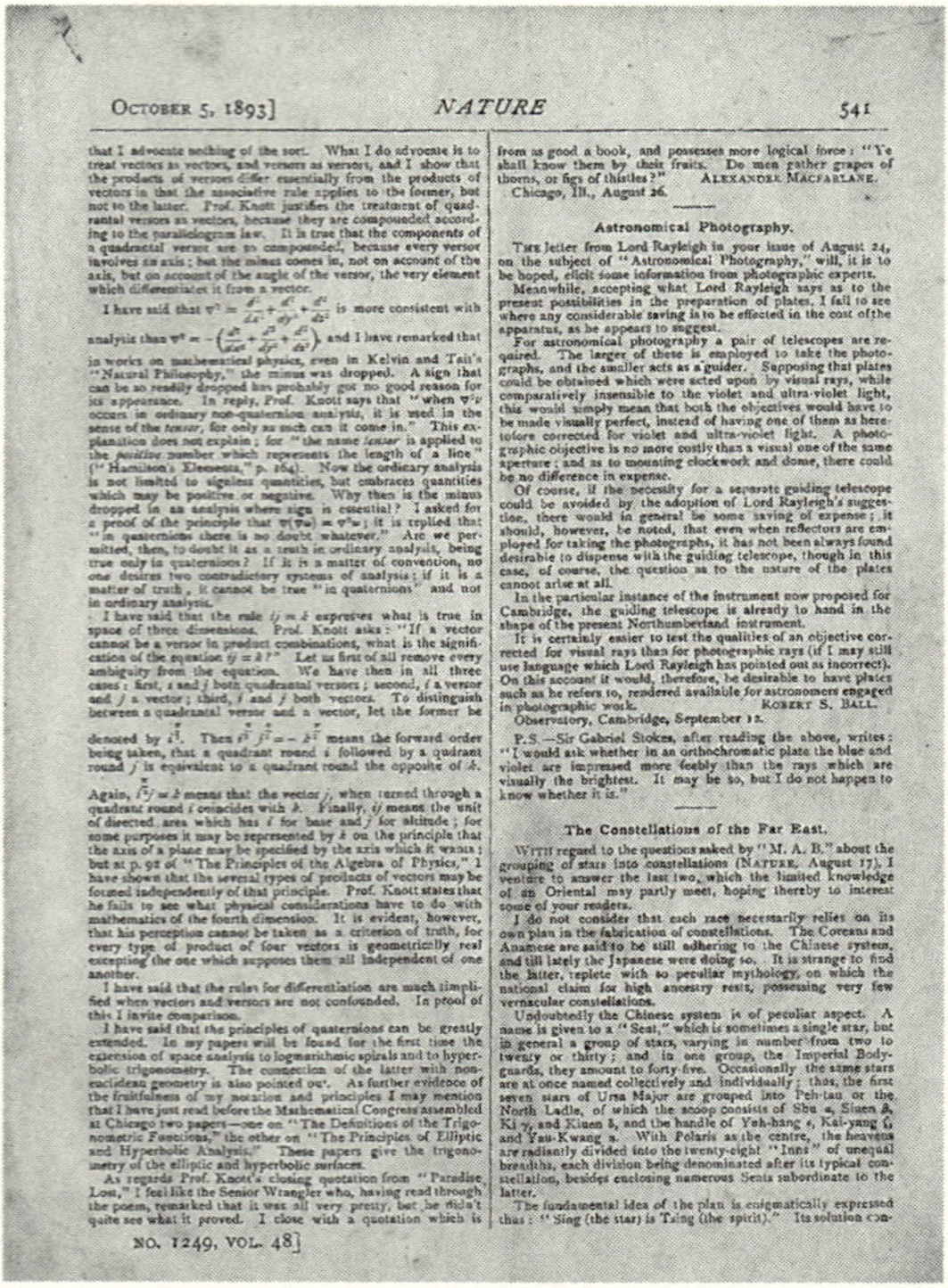
October 5, 1893] NATURE 541

that I advocate nothing of the sort. What I do advocate is to treat vectors as vectors, and versors as versors, and I show that the products of versors differ essentially from the products of vectors in that the associative rule applies to the former, but not to the latter. Prof. Knott justifies the treatment of quadrantal versors as vectors, because they are compounded according to the parallelogram law. It is true that the components of a quadrantal versor are so compounded, because every versor involves an axis; but the minus comes in, not on account of the axis, but on account of the angle of the versor, the very element which differentiates it from a vector.

I have said that $\nabla^2 = \frac{d^2}{dx^2} + \frac{d^2}{dy^2} + \frac{d^2}{dz^2}$ is more consistent with analysis than $\nabla^2 = -\left(\frac{d^2}{dx^2} + \frac{d^2}{dy^2} + \frac{d^2}{dz^2}\right)$, and I have remarked that in works on mathematical physics, even in Kelvin and Tait's "Natural Philosophy," the minus was dropped. A sign that can be so readily dropped has probably got no good reason for its appearance. In reply, Prof. Knott says that "when $\nabla^2 v$ occurs in ordinary non-quaternion analysis, it is used in the sense of the *tensor*, for only as such can it come in." This explanation does not explain; for "the name *tensor* is applied to the *positive* number which represents the length of a line" ("Hamilton's Elements," p. 164). Now the ordinary analysis is not limited to signless quantities, but embraces quantities which may be positive or negative. Why then is the minus dropped in an analysis where sign is essential? I asked for a proof of the principle that $\nabla(\nabla w) = \nabla^2 w$; it is replied that "in quaternions there is no doubt whatever." Are we permitted, then, to doubt it as a truth in ordinary analysis, being true only in quaternions? If it is a matter of convention, no one desires two contradictory systems of analysis; if it is a matter of truth, it cannot be true "in quaternions" and not in ordinary analysis.

I have said that the rule $ij = k$ expresses what is true in space of three dimensions. Prof. Knott asks: "If a vector cannot be a versor in product combinations, what is the signification of the equation $ij = k$?" Let us first of all remove every ambiguity from the equation. We have then in all three cases: first, i and j both quadrantal versors; second, i a versor and j a vector; third, i and j both vectors. To distinguish between a quadrantal versor and a vector, let the former be denoted by $i^{\frac{\pi}{2}}$. Then $i^{\frac{\pi}{2}} j^{\frac{\pi}{2}} = -k^{\frac{\pi}{2}}$ means the forward order being taken, that a quadrant round i followed by a qudrant round j is equivalent to a quadrant round the opposite of k. Again, $i^{\frac{\pi}{2}} j = k$ means that the vector j, when turned through a quadrant round i coincides with k. Finally, ij means the unit of directed area which has i for base and j for altitude; for some purposes it may be represented by k on the principle that the axis of a plane may be specified by the axis which it wants; but at p. 92 of "The Principles of the Algebra of Physics," I have shown that the several types of products of vectors may be formed independently of that principle. Prof. Knott states that he fails to see what physical considerations have to do with mathematics of the fourth dimension. It is evident, however, that his perception cannot be taken as a criterion of truth, for every type of product of four vectors is geometrically real excepting the one which supposes them all independent of one another.

I have said that the rules for differentiation are much simplified when vectors and versors are not confounded. In proof of this I invite comparison.

I have said that the principles of quaternions can be greatly extended. In my papers will be found for the first time the extension of space analysis to logmarithmic spirals and to hyperbolic trigonometry. The connection of the latter with non-euclidean geometry is also pointed out. As further evidence of the fruitfulness of my notation and principles I may mention that I have just read before the Mathematical Congress assembled at Chicago two papers—one on "The Definitions of the Trigonometric Functions," the other on "The Principles of Elliptic and Hyperbolic Analysis." These papers give the trigonometry of the elliptic and hyperbolic surfaces.

As regards Prof. Knott's closing quotation from "Paradise Lost," I feel like the Senior Wrangler who, having read through the poem, remarked that it was all very pretty, but he didn't quite see what it proved. I close with a quotation which is from as good a book, and possesses more logical force: "Ye shall know them by their fruits. Do men gather grapes of thorns, or figs of thistles?" ALEXANDER MACFARLANE.

Chicago, Ill., August 26.

Astronomical Photography.

The letter from Lord Rayleigh in your issue of August 24, on the subject of "Astronomical Photography," will, it is to be hoped, elicit some information from photographic experts.

Meanwhile, accepting what Lord Rayleigh says as to the present possibilities in the preparation of plates, I fail to see where any considerable saving is to be effected in the cost of the apparatus, as he appears to suggest.

For astronomical photography a pair of telescopes are required. The larger of these is employed to take the photographs, and the smaller acts as a guider. Supposing that plates could be obtained which were acted upon by visual rays, while comparatively insensible to the violet and ultra-violet light, this would simply mean that both the objectives would have to be made visually perfect, instead of having one of them as heretofore corrected for violet and ultra-violet light. A photographic objective is no more costly than a visual one of the same aperture; and as to mounting clockwork and dome, there could be no difference in expense.

Of course, if the necessity for a separate guiding telescope could be avoided by the adoption of Lord Rayleigh's suggestion, there would in general be some saving of expense; it should, however, be noted, that even when reflectors are employed for taking the photographs, it has not been always found desirable to dispense with the guiding telescope, though in this case, of course, the question as to the nature of the plates cannot arise at all.

In the particular instance of the instrument now proposed for Cambridge, the guiding telescope is already to hand in the shape of the present Northumberland instrument.

It is certainly easier to test the qualities of an objective corrected for visual rays than for photographic rays (if I may still use language which Lord Rayleigh has pointed out as incorrect). On this account it would, therefore, be desirable to have plates such as he refers to, rendered available for astronomers engaged in photographic work. ROBERT S. BALL.

Observatory, Cambridge, September 12.

P.S.—Sir Gabriel Stokes, after reading the above, writes: "I would ask whether in an orthochromatic plate the blue and violet are impressed more feebly than the rays which are visually the brightest. It may be so, but I do not happen to know whether it is."

The Constellations of the Far East.

With regard to the questions asked by "M. A. B." about the grouping of stars into constellations (NATURE, August 17), I venture to answer the last two, which the limited knowledge of an Oriental may partly meet, hoping thereby to interest some of your readers.

I do not consider that each race necessarily relies on its own plan in the fabrication of constellations. The Coreans and Anamese are said to be still adhering to the Chinese system, and till lately the Japanese were doing so. It is strange to find the latter, replete with so peculiar mythology, on which the national claim for high ancestry rests, possessing very few vernacular constellations.

Undoubtedly the Chinese system is of peculiar aspect. A name is given to a "Seat," which is sometimes a single star, but in general a group of stars, varying in number from two to twenty or thirty; and in one group, the Imperial Body-guards, they amount to forty-five. Occasionally the same stars are at once named collectively and individually; thus, the first seven stars of Ursa Major are grouped into Peh-tau or the North Ladle, of which the scoop consists of Shu α, Siuen β, Ki γ, and Kiuen δ, and the handle of Yeh-hang ϵ, Kai-yang ζ, and Yau-Kwang η. With Polaris as the centre, the heavens are radiantly divided into the twenty-eight "Inns" of unequal breadths, each division being denominated after its typical constellation, besides enclosing numerous Seats subordinate to the latter.

The fundamental idea of the plan is enigmatically expressed thus: "Sing (the star) is Tsing (the spirit)." Its solution con-

NO. 1249, VOL. 48]

『ネイチャー』(1893年10月5日号)に掲載された「東洋の星座」冒頭部分. ページ右下に 'The Constellations of the Far East.' のタイトルが見える
写真提供:南方熊楠顕彰館

ネーチュールへの答弁稿成。(『日記』一巻)

日記に従うならば、熊楠は、わずか二週間足らずで、処女論文を書き上げたことになる。しかも「履歴書」によれば、熊楠がこの論文執筆の際に使用した辞書は「AからQまであって、RよりZまで全く欠け」たものだったらしいが、真相は不明である。この辞書は「下宿の老婆」に借りたものというから、英語話者にとっての「国語辞書」、日本人にとってのいわゆる「英英辞書」なのであろう。

M・A・Bによる質問の最後の二条とは、以下のようなものであった。

　われわれがギリシアの英雄の名で呼んでいる星座を、アッシリア人やエジプト人はどのように呼んでいたのか。現在、中国人、ポリネシア人、インド人、アフリカ人、アメリカ〔先住〕民などは、それぞれ独自のやり方で星座を構成しているのか。
　もしそれぞれの民族が独自のグループ化による星座を用いているのならば、それらを各民族や国々の近親性を判断するために使えないものだろうか。（M・A・B「星をグループ化して星座とすること」〔The Grouping of Stars into Constellations〕、『ネイチャー』一八九三年八月十七日、四十八巻、千二百四十二号掲載）

熊楠は、この質問に答える形で「東洋の星座」を執筆した。その冒頭は、以下のように書かれている。

星をグループ化して星座を作ることについて「M・A・B」から出されたいくつかの質問（『ネイチャー』八月十七日号）のうち、私は最後の二つに対する回答を試みてみたいと思う。一東洋人の限られた知識の許す範囲ではあるが、興味を惹《ひ》かれる貴誌の読者がいることを願うものである。（「東洋の星座」〔The Constellation of the Far East〕、『ネイチャー』一八九三年十月五日、四十八巻、千二百四十九号）

M・A・Bの質問にあるアッシリア人、エジプト人、ポリネシア人、アフリカ人、アメリカ（先住）民などのことは無視し、この論考において熊楠は「一東洋人」（An oriental）として、中国人とインド人による星座構成を中心に述べている。特に、中国の星座に関しては、少年の頃書き写した『和漢三才図会』によって得ていた知識を大いに披露している。熊楠は、中国の星座に「海」に生きる生物が全くないことを指摘している。そして、中国とインドの星座体系がともに、天を「二十八」という数で分割して成っていることを紹介している。また熊楠は、中国において「みみずくの頭上の毛（羽角《うかく》）」とされる星座は、インドでは「鹿の頭」、中国における「柳」は、インドでは「蛇」という似た形のものとされていることなどを示している。このいわゆる「偶然の一致（シンクロニシティ）」は、民俗学・人類学に関する論考のみならず、熊楠の私生活においても、彼の心を捉えて離さないものであった。第4章第4節で紹介するが、それは例えば、夢による植物の発見や知人の死の予知などである。

熊楠は、「東洋の星座」で自身の新たな道を切り開いた。この論文に対する当時の反応について、熊楠は以下のように述べている。

> その時ちょうど、『ネーチュール』（御承知通り英国で第一の週間《［ママ］》科学雑誌）に、天文学上の問題を出せし者ありしが、誰も答うるものなかりしを小生一見して、……（中略）……答文を草し、編輯《へんしゅう》人に送りしに、たちまち『ネーチュール』に掲載されて、『タイムス』以下諸新紙に批評出で大いに名を挙げ……（以下略）（「履歴書」、『全集』七巻）

熊楠は、「東洋の星座」に関する批評が『タイムズ』や他の新聞に掲載されたと言う。現在の私たちが知っている『ロンドン・タイムズ』に、熊楠に対する批評が載ったことは、いまだ確認されていない。しかし近年、松居竜五（一九六四年〜、比較文化研究者）の綿密な調査によって、『マンチェスター・タイムズ』という、小規模な地方紙に、熊楠の論考に関する事柄が掲載されていることが明らかになった。さらに『ペルメル・ギャゼット』という夕刊紙には、まさに「東洋の星座」に関する批評が掲載されていることも明らかになった（松居竜五「英国の新聞記事から見る南方熊楠のロンドン時代」）。ともかく、熊楠のこの論考が、当時から現在にいたるまで、科学雑誌として最高水準を保っている『ネイチャー』に掲載されたことで、彼が「名を挙げ」たことは事実である。

熊楠が『ネイチャー』と同じく、ロンドン時代に始まり、その後生涯にわたって論考を寄稿した雑誌が『ノーツ・アンド・クィアリーズ』であった。これは、一八四九年に貴族院文書館に勤務する神話研究者のウィリアム・ジョン・トムズ（William John Thoms、一八〇三〜八五年）によって創刊された。トムズは、民間の習俗や迷信、行事、俗謡などの総称として「フォークロア」の語を生み出した人物である（松居竜五他『南方熊楠大事典』「投稿と応答」の項参照）。現在は英文学の専門誌として知られている『ノーツ・アンド・クィアリーズ』であるが、当時は民俗、歴史、語源、人類学、動物学、植物学などの総合学術誌であった。まさに『ネイチャー』以上に、熊楠の関心専門分野を網羅した雑誌であった。この雑誌の誌面は「ノート」「クィアリー」「リプライ」の三つの欄に分けられている。ノートは、知識や情報を提示するもので、現在の学術論文に近い長大なものから、ごく簡単に事例を挙げたものまで多様である。クィアリーは、広く情報を求める問いかけのことで、短文が多い。リプライは、クィアリーへの返答であり、長短さまざまであった。このように、現在の学術雑誌ではなかなか見られない構成からなる大変ユニークな雑誌であった。現在の一般的な学術誌は、論文を投稿する際には文字数が決められており、また質疑応答の欄があることはあまりない。熊楠は、この雑誌に膨大な論考（三百二十四本）を寄稿し、時に名指しで熊楠に返答（リプライ）を求めてくる者もいた。

ちなみに、熊楠の掲載論文の内訳は、次の通りである。

・ノート：七十一本
・クィアリー：六十四本
・リプライ：百八十九本

大英博物館の円形図書館（図書閲覧室）

大英博物館の円形閲覧室
写真提供：南方熊楠顕彰館・八坂書房

熊楠の娘文枝は、このように語っている。

あの図書館のこと、よく言ってましたですよ、円形の。「あそこ行った時は、自分のいちばん望んでいたところに来たと思って嬉《うれ》しかった」って言ってました。（「南方文枝さんに聞く」）

円形の図書館とは、大英博物館内の円形大閲覧室のことである。直径四十二メートル、ドームの高さ三十二メートル、中央から放射状に配された席の数四百席。ここが、熊楠の最も「望んでいた」場所であった。熊楠は、田辺に定住後も「いつかはロンドンへ戻りたい」と願っていた。「今度行くときは、文枝も連れてくよ」とも言っていたという。文枝にも、よく円形図書館のことを語り聞かせていたようである。そもそも、熊楠がこの図書館に入館できるようになった経緯とは、どのようなものだったのであろうか。

「東洋の星座」が『ネイチャー』に掲載されることが決定した熊楠は、当時大英博物館の要職にあったフランクス（Sir Augustus Wallaston Franks、一八二六〜九七年）に面会した。文学博士、英国学士院名誉会員、英国古美術協会会長、王立美術院名誉会員、バス勲章受爵士という、この名士に熊楠はなぜ会うことができたのか。熊楠にフランクスを紹介したのは、片岡政行《かたおかまさゆき》（一八六三？〜？年）という人物だった。英国が誇るこの名士を知っているくらいだから、片岡もさぞ名のある人物であろうと考えるのが普通だが、実はこの男、詐欺師《さぎし》であった。英国で自ら「プリンス片岡」と名乗り、日本の華族や皇族を装い、さらには海軍大佐を意味するキャプテンの称号を用いていた。また片岡は、日本美術の専門家を自称し、日本の安価な骨董《こっとう》・古美術品を英国で高価で売りさばき、大金を得ていた。富裕なイギリス人の未亡人から亡き夫の遺産を奪いとるなどの悪事も働いている。しかし、英国において、外国人である片岡がこれだけの悪事を働けたということは、彼がそれだけ英語、そして英国事情に関して通暁《つうぎょう》していたということでもある。

詐欺師の鼻は鋭い。同じ日本人である熊楠の論考が『ネイチャー』に掲載されることに、何かしら美味《おい》しい匂《にお》いを嗅《か》ぎつけたのであろう。英国を中心に活躍し、すでに熊楠と知り合いになっていた美津田滝次郎《みつたたきじろう》（一八四九？〜？年）という軽業師《かるわざし》（曲芸師）の家で、熊楠と片岡は知り合った。熊楠によると、片岡の「得意」には、フランクスもいたようだ。このような縁から、片岡は熊楠を知り合いのフランクスへ紹介した。

熊楠は、フランクス宅で厚遇されたときのことを後年、以下のように語っている。

> この答文の校正ずりを手にして、乞食もあきるるような垢《あか》じみたるフロックコートでフランクスを訪ねしに…（中略）…少しも小生の服装などを気にかける体《てい》なく、件《くだん》の印刷文を校正しくれたる上、…（中略）…大いなる銀器に鵝《が》を全煮《まるに》にしたるを出して前に据え、みずから庖丁《ほうちょう》してその肝をとり出し、小生を饗《きょう》せられし。英国学士会員の耆宿《きしゅく》にして諸大学の大博士号をいやが上に持ちたるこの七十近き老人が、生処も知れず、たとい知れたところが、和歌山の小さき鍋屋《なべや》の悴《せがれ》と生まれたものが、何たる資金も学校席位も持たぬ、まるで孤児院出の小僧ごとき当時二十六歳の小生を、かくまで好遇されたるは全く異数のことで、今日始めて学問の尊きを知ると小生思い申し候。（「履歴

A. W.　フランクス
写真提供：南方熊楠顕彰館・八坂書房

書」、『全集』七巻）

熊楠はフランクスに会ったとき、「東洋の星座」の校正刷りを渡し、語彙《ごい》の使い方など細かい点を直してもらったという。当時、大英博物館内の日本、中国などのコレクションは、未整理の状態にあった。フランクスは、熊楠の東洋に関する膨大な知識は貴重なものだと判断したのであろう。すぐに古美術・古遺物部内の仕事を熊楠に手伝わせている。館内の出入りが許された熊楠は、同館の図書館にも通うことができるようになった。もう少し具体的に言うと、一八九五年四月、フランクスの部下のリード（Sir Charles Hercules Read、一八五七〜一九二九年、古遺物・古美術研究家、人類学者）の推薦・保証で、熊楠は図書館の利用許可証を得ることができたのである。図書館の利用目的は「scientific research」、職業は「student」となっている。詐欺師が媒介したとはいえ、このフランクスとの出会いは、熊楠にとって大変幸運なことであった。

「乞食もあきるるような垢じみたるフロックコート」を着ていても、「何たる資金も学校席位も持たぬ、まるで孤児院出の小僧」のようであっても、素晴らしい研究をすれば、しっかりと認められる——熊楠は、学問の世界において平等を感じていた。それゆえ、熊楠はこの平等であるはずの学問の場で、いわれなき侮辱を受けることだけは、どうしても我慢ならなかった。

熊楠は、自分にとって最も神聖な居場所であった大英博物館内で、日頃から何かにつけて侮蔑《ぶべつ》的な態度をとってくる、ある英国人を殴打する事件を起こす。これが引き金となり、結局熊楠は、大英博物館を追放されてしまうのである。

二度にわたる喧嘩

『大英博物館物語』（*The Story of the British Museum*）にこのような文章がある。

In this room were to study Karl Marx, V. I. Lenin (who signed in under the alias Jacob Richter in 1902), G. B. Shaw, Thomas Hardy, Rudyard Kipling, the dancer Isadora Duncan and many others, including the gentleman recorded as 'smoking in a closet', the early Japanese sociologist twice ejected for fighting, the gentleman who blew his nose loudly every half-hour and the cleric who undetected removed entire sermons from *The Pulpit* for the edification of his flock.（Marjorie Caygill, *The Story of the British Museum*, The British Museum Press）

カール・マルクス、V・I・レーニン（ジェイコブ・リヒターという偽名で一九〇二年に登録している）、ジョージ・バーナード・ショウ、トーマス・ハーディ、ラディヤード・キップリング、ダンサーのイザドラ・ダンカン他多数の人たちが、この部屋【円形閲覧室】で研究をした。その中には、「衣装室でタバコを吸っていた」男性、喧嘩のため二度にわたって追放された初期の日本人社会学者、三十分おきに大きな音で鼻をかんでいた男性、信者のために『説教壇』から説教の全文を取り除いて気づかれなかった神父なども含まれている。（和訳、傍線——筆者）

名前こそ出ていないが「喧嘩のため二度にわたって追放された初期の日本人社会学者」とは、明らかに熊楠のことである。熊楠はロンドンに来た頃、自ら社会学者ハーバート・スペンサー(Herbert Spencer、一八二〇〜一九〇三年）の学徒を称していた。円形閲覧室での一度目の事件は、一八九七年十一月のことであった。

一八九七年十一月八日［月］
午後博物館書籍室に入りざま毛唐人一人ぶちのめす。これは積年予に軽侮を加しやつ也。
（『日記』二巻）

熊楠が殴打したのは、G・セント・レジャー・ダニエルズ（G. St. Leger Daniels）というイギリス人である。この人物は、閲覧室の机を指や重い鉄の文鎮《ぶんちん》で叩《たた》き、大きな音を出し、熊楠の研究の邪魔をしたという。またこの人物は、熊楠のそばにツバを吐いたり、口汚い質問をしてきたりということを継続的に行っていたようだ。そして、ダニエルズが羽ペンのインクをわざとこぼして、熊楠のシルクハットを汚すにいたって、ついに熊楠は報復行為（殴打）を決意したのである。このときは理事会の処分により、熊楠は一時出入りが禁止されたが、約一か月後には復帰が許された。前代未聞の閲覧室内での暴力事件であったにもかかわらず、復帰が許されたのは、東洋書籍部部長ダグラスの口ききによるところが大きかった。しかし翌年、熊楠は再び騒動を起こしてしまう。

　一八九八年十二月七日［水］
　夕館にて女共声高き故、之《これ》を止《やめ》んことを乞《こ》へども不聴《きかず》。因《よっ》てスパールインケンメント代理に訴へ、予追出さる。（『日記』二巻）

　熊楠は、図書館へ行く前に、酒をかなり飲んでおり、ほとんど酩酊《めいてい》状態であった。熊楠は、閲覧室内で女性が甲高い声でおしゃべりをしていたのが気に食わず、それを制止したが聞き入れられなかった。さらに、熊楠は、「傘をとるために戻って再度入室しようとした」（「大英博物館への陳状書」）らしく、そこで警官に取り押さえられている。どうやら暴力沙汰《ざた》になる一歩手前だったようだ。
　これら二度に及ぶ騒動のため、熊楠は博物館から事実上、永久追放された。日記には、

一八九八年十二月十四日〔水〕
博物館より予追却の旨申来り居れり。(『日記』二巻)

とある。この後、再びダグラスが尽力してくれたが、熊楠はもう二度と博物館に戻ることはなかった。ちなみに一度目の事件のことは、熊楠によると『タイムズ』にも載ったという。

その時館内にて小生を軽侮せるものありしを、小生五百人ばかり読書する中において烈《はげ》しくその鼻を打ちしことあり。それがため小生は館内出入を禁ぜられしが、学問もっとも惜しむべき者なりとて、小生は二ヵ月ばかりの後また参館せり。当時このこと『タイムス』その外《ほか》に出で、日本人を悪《にく》むもの、畏《おそ》るるもの、打たれたものは自業自得というもの、その説さまざまなりし。(「履歴書」、『全集』七巻)

このように、熊楠は『タイムズ』に事件のことが載ったと書いているが、今のところ、真相は不明である。しかし、二百五十年以上の長い歴史を持つ大英博物館のいわば「名物閲覧者」として記録されているほどなので、当時の新聞に、熊楠によるこの事件が載っても不思議ではないだろう。

大英博物館追放後、熊楠は余儀なく、南ケンジントン博物館(ヴィクトリア・アンド・アルバート博物館）および自然史博物館の図書館で研究（抜書）を続けることになる。

孫文との出会い

前章で述べたように熊楠は、一八九七年三月十六日、中国革命の先駆者孫文と初めて出会った。孫文は、一八九五年十月、初めての武装蜂起《ほうき》を計画するが、事前に情報が漏れ失敗に終わった。清《しん》朝を追われた孫文は日本、ハワイ、アメリカを経てロンドンへ流れていた。大英博物館の東洋書籍部初代部長ダグラス（中国研究者・日本文献学者）の部屋において、孫文に「一生の所期は？」（「自分の一生において最も望む事柄は？」）と尋ねられた熊楠は、「願わくはわれわれ東洋人は一度西洋人を挙げてことごとく国境外へ放逐したきことなり」と答えた。孫文はそれを聞き、驚きのあまり顔色を失ったという（柳田國男宛書簡、一九一一年十月十七日、『全集』八巻参照）。孫文と熊楠は意気投合し、一八九七年六月三十日に孫文がロンドンを去るまでの約三か月間、毎日のように会って、さまざまな議論を交わした。

「願わくはわれわれ東洋人は一度西洋人を挙げてことごとく国境外へ放逐したきことなり」――熊楠は、帝国主義に反発する熱烈な国粋主義者だったのであろうか。筆者は違うと考える。熊楠は、日本からではなく東洋から帝国主義を駆逐《くちく》したかったのである。そのような意味においても熊楠は、決して純粋なナショナリスト（国家主義者・国粋主義者）ではなかったと言える。この言葉の真意は、「東洋からイギリスを中心に軍事力を背景にした帝国主義を排除する」と

和歌山を訪れた孫文（前列中央）と熊楠（後列左）（1901年２月15日）
写真提供：南方熊楠顕彰館

いうことであろう。熊楠は「日本人」としてより「東洋人」としての意識が強かったように思われる。先に見た『ネイチャー』掲載の「東洋の星座」においてもやはり、「一東洋人」（An oriental）と、自身のことを述べている。

孫文は、ロンドンにおける熊楠との別れに際し、熊楠の日記帳とサイン帳に「海外逢知音（海外にて知音《ちいん》に逢《あ》う）」という言葉を記している。「知音」とは、「自分のことを最もよく理解してくれる親友」という意味である。熊楠は、孫文のシンパサイザー（同調者・共鳴者）であった。ただし熊楠は、あくまでシンパサイザーであって、終生、孫文の革命活動に対して、直接行動・支援することはなかった。孫文は、熊楠に同志として何らかの力を貸してほしいと願っていたのかもしれない。ロンドンでの別れから三年余り後、孫文は、帰国していた熊楠に会いにわざわざ和歌山まで来ている。一九〇一年二月のことである。再会した二人は、二日間旧交を温めた。その後、孫文は革命に関する書籍やハワイのマウイ島で採集した地衣の標本などを熊楠に送っている。

一九一一年十月十日、辛亥《しんがい》革命が起こり、翌年一月一日、孫文は中華民国の初代臨時大総統に就任した。袁世凱《えんせいがい》との対立や中国国内での軍閥の割拠など紆余《うよ》曲折《きょくせつ》を経た孫文は、一九二四年十一月二十四日、神戸における演説で「大アジア主義」を唱えた。熊楠は、

神戸でせし演舌などには、小生孫氏に語りしことより案出せりなりと思うようなこと多し。
（上松蓊宛書簡、一九二五年九月二十一日、『全集』別巻一）

と、孫文による「大アジア主義」の構想は、ロンドンで自分と語り合った中から考え出したものだと述懐している。孫文は、この「大アジア主義」演説で、日本人に、日本による帝国主義の表れでもある対華二十一か条の不平等条約の破棄と、アジアの被圧迫民族とともに西欧帝国主義と闘うことを呼びかけた。熊楠は、この孫文による西欧・帝国主義批判を、自分との対話の中から案出したものだと捉えていた（後藤正人《ごとうまさと》『南方熊楠の思想と運動』参照）。

第二次世界大戦時には、欧米列強によるアジア侵略に抵抗すべく、アジア諸民族は日本を盟主として団結すべきである、という考え方が「大アジア主義」と呼ばれることになる。しかし、熊楠が、自身との対話の中から案出したと捉えた、孫文による「大アジア主義」は、欧米諸国に対するアジア諸国間の協力であり、決して日本がアジアの盟主に立つことを意味するものではなかった。

孫文同様、西欧帝国主義が功利強権《こうりきょうけん》（つまり儒教にいうところの「覇道《はどう》」）によってアジアを圧迫することは、熊楠の信条に明らかに反するものであった。それは、熊楠が遊学中、西欧人による差別・圧迫を、身をもって受けていたことに関係すると思われる。例えば、熊楠によるロンドン時代の日記からは、彼が小児や若者から「チンチンチャイナマン」と嘲弄《ちょうろう》されたことに対し、何度も激怒していることがわかる。熊楠は、そのような侮蔑を、自分だけに対するものではなく、東洋人全体への圧迫・蔑視と認識していた。「チンチンチャイナマン」とは、東洋人、特に「チャイナマン」、つまり中国人を侮蔑する代名詞であった。これは、一八九七年、ロンドンのとある劇場で上演されたミュージカル・コメディ『ザ・ゲイシャ』の中で歌われた歌のタイトルであった。このミュージカルは、英国内で大ヒットしたという。

熊楠は、最後まで孫文の革命に直接荷担することはなかった（孫文は「大アジア主義」演説翌年の一九二五年三月に死去）。しかし、晩年まで孫文との友情を想い、また「日支親善」を祈念していたという。以下は、熊楠が亡くなる約三か月前の書簡である。

小生は、もはや七十五歳に相成り、此上金銭拵《こしら》ゆる望など無之《これなく》、ただただ生物学上の自分の攻究の成績を、幾分なりとも生存中に出版して、賛助員諸君の篤志に答え度《たく》、出版に残れる分は一切の蔵書雑品と共に、故孫文氏との交誼《こうぎ》記念に、中山《ちゅうざん》大学へでも常備品として寄贈し、以《もっ》て日支親善の資に供し度云々《うんぬん》。（中山太郎宛書簡、一九四一年九月二十二日、

（『学界偉人　南方熊楠』）

熊楠は、自身の蔵書や出版物を、孫文が設立した中山大学（中国広東省《カントン》）に寄贈しようと考えていたようだ。しかし、この構想は結局実現しなかった。

3　土宜法龍と「事の学」

真言僧の気鋭、土宜法龍との出会い

熊楠の思想を最も深化させた人物、それは間違いなく真言僧侶の土宜法龍（一八五四～一九二三年、英文ではTokiとも書く）である。慶應義塾別科で福沢諭吉の下、洋学を学んだ法龍は、一八九三年九月、真言宗を代表して世界初の宗教者会議であるシカゴ万国宗教会議に出席、さらにパリのギメ博物館で御法楽《ごほうらく》の儀（経典を読誦《どくじゅ》する儀式）を執行した。これは一八九一年同博物館で真宗の僧侶によって行われた報恩講《ほうおんこう》（親鸞《しんらん》の命日〔十一月二十八日〕を中心に行われる法要）に次ぐ、史上二番目の欧州における日本仏教のパフォーマンスであったという（奥山《おくやま》直司《なおじ》「土宜法龍と南方熊楠」）。その後セイロン（現スリランカ）、インドを巡り帰国。帰国後は、高野山真言宗の管長となるなど、当代きっての西欧を知る開明的な真言僧侶であった。

土宜法龍
写真提供：南方熊楠顕彰館・八坂書房

熊楠と出会ったのは、法龍がインド学の権威であったマックス・ミューラー（Friedrich Max Müller、一八二三〜一九〇〇年）等に会うために渡英していた、一八九三年十月三十日のことであった。横浜正金銀行ロンドン支店長中井芳楠《よしくす》（一八五三〜一九〇三年）宅で、二人は初めて顔を合わせた。中井は熊楠の父弥兵衛と知己であった。熊楠は渡英の際、フロリダから中井に連絡をとり準備を進めている。また中井は、法龍と同じく慶應義塾出身であった。つまり中井は、熊楠と法龍、両者の共通の知人であった。法龍が渡英してきた際、中井はパーティーを開催した。そこに熊楠も呼ばれたのである。

このパーティーで、法龍はこの南方熊楠という青年に、何か特別なものを感じたのであろう。法龍の日記には、

> 南方某は種々に該博の談を為せり。彼は諸方変転の人物なり。（松居竜五他『南方熊楠大事典』「土宜法龍」の項）

と記されているという。ちなみに、中井は熊楠と同じ和歌山出身で、熊楠のロンドン時代、故郷からの送金や日本からの手紙の受け取りをはじめ、熊楠が困窮したときの借金にいたるまで、さまざまな面で熊楠を支えた人物である。

相手に何か特別なものを感じたのは、法龍だけではなかった。熊楠も法龍に対して強烈なシンパシーを感じ取っていた。法龍がロンドンを去り、パリへ移るのは十一月四日である。このわずかな間に、二人は大いに議論をした。議論は三日間にわたって法龍の宿で行われたが、熊楠はその間ずっと法龍の宿に泊まり込んでいる。どれほど熊楠がこの議論に実りと手ごたえを感じていたかがわかる。また大英博物館へも行き、フランクスに宗教部と書庫を案内してもらっている。このときの二人は僧帽僧衣《そうぼうそうい》といういでたちであった。法龍がパリへ移ってからは、二人の間には、熱い書簡のやりとりが行われた。熊楠は後年、以下のように語っている。

小生は件《くだん》の土宜師への状を認《したた》むるためには、一状に昼夜兼ねて眠りを省き二週間もかかりしことあり。何を書いたか今は覚えねど、これがために自分の学問、灼然《しゃくぜん》と上進せしを記臆《きおく》しおり候。（柳田國男宛書簡、一九一一年六月二十五日、『全集』八巻）

熊楠の学問は、法龍とのやりとりで「灼然と上進」したのである。そして生まれたのが「小生の事の学」であった。

オカルティズムへの痛烈な批判と関心

熊楠は、ロンドンの中心ハイドパークで連日のように行われていた無神論者の演説を、しばしば傍聴している。熊楠はこの頃、近代科学に傾倒していた。例えば、法龍に対して近代科学の重要性を切々と述べている。この頃、法龍はパリにいた。

仁者《じんしゃ》、欧州の科学哲学を採りて仏法のたすけとせざるは、これ玉を淵《ふち》に沈めて悔ゆることなきものなり。小生ははなはだこれを惜しむ。(土宜法龍宛書簡、一八九三年十二月二十四日、『全集』七巻)

しかして仁者いたずらに心内の妙味のみを説いて、科学の大功用、大理則あるを捨つるは、はなはだ小生と見解を異にす。(土宜法龍宛書簡、一八九三年十二月二十四日、『全集』七巻)

また汝《なんじ》、オッカルチズムごとき腐ったものを理外の理などいうて求めんとす。…(中略)…汝、かかるつまらぬことをもって俗人にすすめんとするや。(土宜法龍宛書簡、一八九四年三月三日、『全集』七巻)

このような言葉からは、当時の熊楠の姿勢、つまり自然科学者・南方熊楠を見ることができる。結局、アメリカ遊学中を含め在外中に、熊楠がオカルティズムに本格的に関心を示すことはなかった。とはいえ、ロンドン時代、熊楠がブラヴァツキー（Helena Petrovna Blavatsky、一八三一～九一年）の大著『ヴェールをはがされたイシス』（*Isis unveiled*）に目を通していることは、注目に値する。ブラヴァツキーは、霊媒師として世界各国を放浪し、キリスト教や仏教、ヒンドゥー教などさまざまな宗教・神秘思想を融合させ「神智学《しんちがく》」を創唱した人物である。一八七五年に、ニューヨークに「神智学協会」を設立し、その思想と活動は、後に「神智学」を大いに発展させたシュタイナー（Rudolf Steiner、一八六一～一九二五年）にも大きな影響を与えている。

英国滞在中、熊楠はどうもオカルティズムに嫌悪感のようなものさえ抱いていたふしがある。一方法龍は、オカルティズムに強い関心を示し、熊楠への書簡の中で話題にしばしば挙げている。

また「オックルチズム」。右は如何《いか》に行なわれおり候や、これまた御尋ね申し上げ候。（土宜法龍から熊楠への書簡、日付の記入なし、飯倉照平他『南方熊楠　土宜法龍　往復書簡』）

すでにパリへ移っていた法龍は、熊楠に、ロンドンで流行《はや》っていた「オックルチズム」つまりオカルティズムについて、実際どのようなことが行われているのか教えてほしいと述べている。以下の熊楠の書簡は、日付を欠くが、おそらく法龍への返答だと思われる。

またオッカルチズムのことは小生も少々読みしが、名ありて実なきようのことにあらずや。たとえば霊験とか妙功とかいうほどのことで、一向その方法等は聞き申さず。ブラヴァツキのこのことの傑作前後二篇四冊のうち二冊、ずいぶん大冊なるが、前年読みしも、ただかかる奇体なことあり、かかる妙な行法あり、というまでにて…(中略)…一向核のなきことなりし。この書もし入用ならば、仁者帰国の後、貸し申すべし。(土宜法龍宛書簡、日付の記入なし、『全集』七巻)

やはりここでも、熊楠はオカルティズムに批判的である。しかし、熊楠が法龍に対して、オカルティズムをここまで痛烈に批判したのは、実は、熊楠がオカルティズムに関心があったことの裏返しだったのではないか。法龍が書簡にオカルティズムのことを書いていても、関心がなければ、ここまで真剣に答えなかったのではないか。ましてブラヴァツキーの書物を読むこともなかったであろう。ちなみに、「一向核のなきことなりし」などと批判したにもかかわらず、熊楠は帰国後、一九〇一年六月から七月にかけてブラヴァツキーの書物をしっかりと読み込んでいる。また、『ヴェールをはがされたイシス』第二巻では『カルデアのユダヤ人による宇宙起源図』（*Chaldeo-Jewish cosmogony*）が図解されており、その図は、南方の描いた『猶太教《ユダヤきょう》の密教の曼陀羅』の構図と驚くほど一致している」（橋爪博幸《はしづめひろゆき》「南方熊楠と現世肯定」）という。つまり、熊楠は帰国後、ブラヴァツキーの大著を読み込み、その要素を自分の思想に取り込もうとしていたのである。「猶太教の密教の曼陀羅」——通称「熊楠の生命の樹」については、第4章第2節で述べる。

ロンドン時代の熊楠は、オカルティズムへの関心を抑え込んでいた。それが完全に解放されたのは、帰国後、那智に隠栖したときであった。深山幽谷《しんざんゆうこく》の那智山における孤独、不本意の帰国と親族からも理解してもらえないことによるストレスなどが重なり、この時期の熊楠は、精神的危機に陥っていた。特に一九〇三〜〇四年頃の日記には、オカルトと呼ぶ以外ない不思議な現象の記述が多々出てくる。「体外離脱」「幻視体験」「予知夢」「他心通（テレパシー）」などである。これらについても第4章で詳述する。

世紀末ロンドンにおけるオカルティズムの流行

一八九〇年代、ロンドンではオカルティズムの流行が全盛期を迎えていた。近代科学・近代合理主義が絶対的な権力を振るいはじめていた頃、同時に世間ではオカルティズムが擡頭《たいとう》してきたのである。なかにはインチキによって金儲《かねもう》けをする者もいた。しかしそれでも、オカルト（神秘的な現象、超自然的出来事、心霊現象）を信望する人々の気持ちが離れることはなかった。

この時期、公開交霊会が頻繁に開催され、多くの知識人たちがプライベートなサークルで、オカルトに関する実験・研究・調査活動を行った。近代科学のまさに勃興《ぼっこう》期、それと対《つい》をなすようにオカルティズムが流行した。近代の最前線を走っていたロンドンという都市において、人々は、科学技術・合理主義的思考を無批判に受け入れるだけではなかったのだ。その在り方に疑問と不信を感じ、他の何かを信じようとする人々も多くいたのである。オカルティズムはそのような人々のいわば「避難場所」であったのかもしれない。

当然、このようなオカルト研究を目的とした団体も作られた。その代表的なものが、S・P・R（英国心霊研究協会〔The Society for Psychical Research〕、一八八二年設立）である。一八七四年にはその前身となる団体が、フレデリック・マイヤーズ（Frederick William Henry Myers、一八四三〜一九〇一年）らによって作られている。そこにはケンブリッジ大学の優秀な知識人が多く集まった。S・P・Rは、「自動発話」「テレパシー交信の可能性」「催眠術とテレパシーの関係」を主な研究課題としていた。実証主義的・合理主義的な自然解釈あるいは人間解釈が最も力を持っていた十九世紀末、S・P・Rのメンバーは、心霊現象に関する著述を積極的に行っていた。

実は、熊楠が「テレパシー」に大変関心を持っていたことは、現在あまり知られていない。彼がその関心をあらわにしたのは、ロンドンから帰国後しばらくしてからのことである。熊楠は帰国後、以下のような事柄を述べている。

四年計り前に英国科学奨励会にて予「日本斎忌《さいき》考」を読《よめ》り。此ときの会長テレパシー（神通、乃《すなわ》ち人の思ふことをそのまま知る法、又他に伝る法）は今後望みあり、尤《もっと》も験究すべしといひ居たり。又催眠術などにも、熊楠の心作用を貴下の心に伝え、一人を他人に、他人を一人になし畢《おわ》る方あり。これらは決して一笑に附し去るべきに非ず。研究せば物心以上、乃ちせめては精神界の原則を知る端緒ならん。（土宜法龍宛書簡、一九〇二年三月二十六日〔推定〕、『高山寺《こうざんじ》資料』、傍線——筆者）

ちなみに、この「テレパシー」(telepathy) という語は、マイヤーズの造語である。「遠く」を意味する「tele-」と「感情」「感覚」を意味する「-pathy」の合成である。そしてその意味は、熊楠が示す通り、他人の思っていることをそのまま知る方法、また自分が思っていることを他人に伝える方法である。

F. W.　マイヤーズ
所蔵：National Portrait Gallery, London

　マイヤーズが「テレパシー」の研究を始めた背景には、彼の個人的な体験がある。マイヤーズには、思いを寄せながらも結婚できなかった女性（従兄《いとこ》の妻、アニー・マーシャル）がいた。一八七六年にアニーが自殺してからは、マイヤーズは、彼女があの世から接触してきているという証拠を必死になって探し求めたという。マイヤーズには、テレパシーや催眠、潜在自己などの研究が、人類の心の仕組みを解明する手がかりになるはずだという、崇高な学的目標があった。しかし、その背景には、このような忘れられない個人的な体験があったことも見逃すことはできない。またマイヤーズは、当時の心理学に、「魂の科学」の役割を果たすことを望んでいたという。

「事の学」という思想

マイヤーズの言う「魂の科学」は、「魂」と「科学」という正反対と考えられる言葉を並列させた、実に奇妙な語である。だがこの言葉からは、マイヤーズが、まるで十九世紀に確立された近代科学とそれまでの信仰との境界線を越えようとしていたようにも感じられる。つまりマイヤーズは、近代科学と宗教との古い対立を崩そうと考えていたのかもしれない。

近代科学の勃興期、同じように、「物」や「心」を別個に研究するよりも、「物」と「心」とが交わる「事」の研究こそ重要だと主張した人物がいた。それが南方熊楠であり、「事の学」という思想である。

小生の事の学というは、心界と物界とが相接して、日常あらわる事という事も右の夢のごとく、非常に古いことなど起こり来たりて昨今の事と接して混雑はあるが、大綱領だけは分かり得べきものと思うなり。電気が光を放ち、光が熱を与うるごときは、物ばかりのはたらきなり（物理学的）。今、心がその望欲をもて手をつかい物を動かし、火を焚《た》いて体を煖《あたた》むるごときより、石を築いて長城となし、木をけずりて大堂を建つるごときは、心界が物界と雑《まじわ》りて初めて生ずるはたらきなり。電気、光等の心なきものがするはたらきとは異なり、この心界が物界とまじわりて生ずる事（すなわち、手をもって紙をとり鼻をかむより、教えを立て人を利するに至るまで）という事にはそれぞれ因果のあることと知らる。その事の条理を知りたきことなり。（土宜法龍宛書簡、一八九三年十二月二十四日、『全集』七巻）

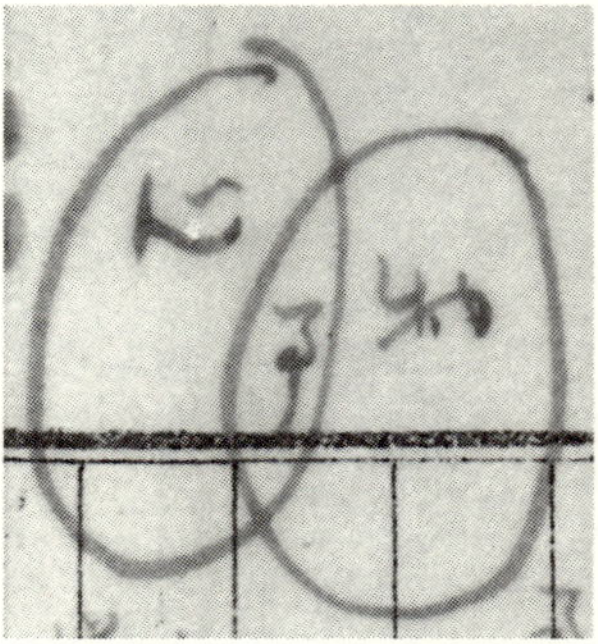

「事の学」の図（土宜法龍宛書簡，1893年12月24日）
写真提供：南方熊楠記念館

熊楠は、非常に筆まめであった。同じ日に同じ相手に二通、三通送ることもあった。また一つの書簡に何日も費やすこともあった。前記は、十二月二十一日の午後七時に書きはじめ、書き終えたのが二十四日午後三時という長大な書簡である。

　書簡の内容を見てみよう。電気や光などは、物理学的なもの、つまり物的作用である。そして「温まりたい」「長城を築きたい」「大堂を造りたい」という欲望は、心の作用である。熊楠によると、両者が交わる場が「事」であるという。「温まりたい」という心的作用だけでは何も起こらない。そこに火という物的作用が交わって、「火をもって温まる」という「事」は生じるのである。「事」たる場は、「心」と「物」の関係を成立させるところでもある。

熊楠は「小生の事の学」を語りだす直前、以下のような夢について説明している。少々長い引用になるが、熊楠の「事の学」とはどういうものなのかを知るには最適なものなので、ここで紹介したい。

第三、中井氏方にてお目にかかりし数日前、小生友人に一書を寄せし中に、高野山の僧徒が戸屋某というものを阬殺《こうさつ》したることを述べ、小生前年その子孫の家を見てむかしを忍べる等のことを書せり。さてその夜早く寝に就きしに、夢に旧友波木井九十郎というものと船にのりて、高野山を北に見て紀川《きのかわ》を西へ下る。（これ理外なり。何となれば、高野山を南に見るにあらざれば紀川を西へ下ることはならぬ。）さて川を見るに、『和漢三才図会』に見えたる黿《げん》【アオウミガメ】のごときもの二つ泛《うか》び来たる。それより船危くしてほとんど覆《くつがえ》らんとす。二人の膝《ひざ》よりころげおつるものを見るに、みな書籍なり。と見てさむれば、夜雨軒を打ちて蕭条《しょうじょう》たり。

その音によりてたちまち想起せり。今より十一年前、父母および弟と高野に詣《けい》し、帰るとき船に上がり紀川を下る。岩手にてしばし船止まり、皆々陸に上がり、大便小便などす。小生は船中に止《とど》まりおりたり。四方はみな篷《とま》にてかこいたれば外も見えず。しかるに一種異様の音しきりに聞こゆ。小生の父が伴い行きし出入りの町人松村という老人いわく、これは川が二つ会する所（野上川《のかみがわ》と紀川）にて、川底の石礫《せきれき》が水に軋《あつ》してなるなり、という。小生は雨の降るならんと思い、見出でしに雨にあらざりき。その老人いわく、家にありて雨をきくに似たるゆえ左様いうなるべし、と。（これは日本にて、紀州辺でオダレとか申し、銅のといを軒にかける、それに雨のあたる音のごとくなりしなり。）故に夜雨の英国で蕭条たる音とは異なり。されど、この夜雨蕭条たるが耳覚に入りて、それより日本にありし日のオダレに雨のおつることを経て、右の高野詣でのことを思い出だせるなり。

波木井というは、その二年前に小生と友たりしが、東京に遊学せり。さてその母かなしんで、やがて父と共に三味線工を止め、東京へ引っこしたりとのことにて、子を愛する人なりとて毎度その近傍のもの来たり小生の家で話す。小生もその人を知ること久しかりしゆえ、いつもこの人のこと思えり。さてその時船中に三味線屋の男一人ありて、右の波木井のことなど語りおりたるなり。夢中に竈を見しは、この日『五雑組《ごさっそ》【組】』を見しに竈のことかきありし。船危しと見しは考え得ず。されど書籍は、小生その夜は然《しか》せざりしが、毎度臥《が》に就いてもなお小詞など一時間ばかり見る。ために三、四、五冊も重ね、ときとしては胸の上においたままねることあり。それより考うるに、その夜も読むつもりで三、四

夢（内容）	原因	心的／物的作用
高野山辺り	昼間の書簡に高野山のことを書いた	心的作用
	家族で高野詣をし，船で川を下った思い出	心的作用
川下り	雨が軒を打つ音が聞こえた	物的作用
	家族で高野詣をし，船で川を下った思い出	心的作用
黿	『五雑俎』に黿が書いてあるのを見た	心的作用
倒れた書籍	ベッドに重ねてある本が，寝返りで崩れた	物的作用

表1　1893年10月17日付日記の夢の原因

冊ベッドの上におきしが、小生の体動くに従いてころびしにや。かくのごとく気づいてみずからその方法をもってしらぶれば、夢なども条理来由は多少あり、ただ混雑せるなり。（土宜法龍宛書簡、一八九三年十二月二十四日、『全集』七巻）

この夢の内容とその原因、およびそれが物的作用か心的作用かを表1に示す。熊楠によるこの夢の考察の後に、「事の学」の説明が、（いささか唐突に）記されているのである。その説明のために熊楠は、二つの楕《だ》円《えん》が重なりあう図を描いた。そして左の円に「心」、右の円に「物」、両円が交わる箇所に「事」と描いている。

熊楠は、夢は「事」であると考えた。「昼間の書簡に高野山のことを書いた」「家族で高野詣をし、船で川を下った」（熊楠は、十五歳のとき、父母、常楠とともに高野山を訪れ、弘法大師一千年忌の名宝展を見たことがあった）などという記憶・思い出（いわば心的作用）と「雨が軒を打つ音が聞こえた」などという外界・身辺の状況（いわば物的作用）とが交わって、夢という「事」は現れるのである。いや、むしろ「心」と「物」とがこのように、適度に交われるのは「事」という場があるからなのである。

この「事」「心」「物」は、そのまま後の「南方曼陀羅」の五つの要素のうちの三つ——「事不思議」「心不思議」「物不思議」——に引き継がれることになる。

しかし、熊楠によるこのような考察は、果たして新しい事柄であろうか。心的作用と物的作用とが接触して何らかの事柄が生じること、もしくは自己（心）と他者（物）とが接触できる場があることを、私たちはごく当然のように思っている。その理由は、私たちが、対象と全く接触できないほど極端に遠くに離れているわけでもなく、対象と一体化してしまうほど極端に近くに接近しているわけでもないからである。つまり、常に対象との関係において、「適当な距離」を保持しているからである。しかし、「極端人」熊楠の場合、そうではなかった。熊楠と対象との「距離」は、自己（心）と他者（物）とが全く分離するほど離れているか、ぴったりと合わさってしまうほど接近しているか、そのいずれかであった。ゆえに熊楠にとって、両者が適度に交わる場であり、また現象でもある「事」とは、極めて不思議な出来事であったのだ。夢も普通は、心的作用と物的作用とが適度に交わったときに生じる事柄である。私たちとは異なり、熊楠にとっては、「心」と「物」とが適度に交わっている夢のほうが、不思議な「事」であったと言えるかもしれない。前記の夢の内容は、心的作用と物的作用とがまさに適度に交わり、一つの物語を紡いでいるものだと言える。

二十七年後の再会

熊楠と法龍――ロンドンでの別れの後、二人が再会するのは、実に二十七年も後のことである。それは、熊楠が生物採集旅行も兼ねて、一九二〇年八月に高野山へ登ったときのことであった。熊楠は、翌二一年十一月にも法龍を訪れている。ちなみに、一九二〇年の再会のとき、熊楠は、大師教会堂での講演会をむりやり引き受けることになり、大酒を飲んで泥酔状態で号泣してしまうという珍事件を起こしている。

一九二一年、熊楠が法龍と最後に会ったときの様子は、熊楠に同行していた和歌山県田辺市在住の画家楠本秀男《くすもとひでお》（一八八八～一九六一年）の手記が詳しく伝えている。

【熊楠】先生先に酒気あり、冷処より暖室に入り酒気一時に発せられたるごとし。…（中略）…先生と管長顔を向け合わずして話あり。管長ただただ子共をあしらう様にあしらい、柔容かわることなし。室の雰囲気嵐に似てしかも静かなり。…（中略）…【熊楠は】グーグーといびきをたて、微醺《びくん》と共によい心持ちらしく、ほっておくより途《みち》無し。（「高野のひと月」）

熊楠は、法龍と会う前に、すでに酒を飲んでいたようだ。久しぶりの対面で、熊楠は少し緊張していたのであろうか。法龍の顔を正面から見て話ができなかったようだ。熊楠には実は、かなり恥ずかしがり屋な一面があった。一方、法龍は子供をあしらうように、ニコニコと柔和な様子で熊楠の話を聞いていたようだ。結局、熊楠はほろ酔い気分で、いびきをかいて寝てしまったらしい。

二人は、その生涯において面と向かって会った回数は、非常に少なかった。しかし、書簡の往復を通して、実際に会う以上に密度の濃い時間を過ごしていたのである。書簡上で、時に熊楠に対して仏教思想上の的確な示唆を与え、その思想の深化を促し、時に激烈な暴言を吐く熊楠をうまく受け流してきた法龍は、懐《ふところ》の深い指導者であった。法龍は、巨人熊楠を包み込むほどの包容力と知性を持っていた。そして熊楠が、自身の知を思う存分ぶつけることができた唯一の人物でもあった。

第4章　無念の帰国と思想の深化——那智隠栖期

1　失意の帰国

幻のケンブリッジ大学助教授職

熊楠は、一九〇〇年九月一日、ロンドンから帰国の途に就くが、その約一年前の一八九九年十月、英国と南アフリカにある二つの共和国（トランスヴァール共和国・オレンジ自由国）との間に戦争が勃発した。第二次アングロ・ボーア戦争（通称ボーア戦争、南アフリカ戦争）である。ボーア戦争は、二つの国で発見されたダイヤモンドや金などの鉱山資源を、英国が手中に収めたいという野心が発端となったものだった。この戦争によって、英国内には「ジンゴイズム（排外的愛国主義）」が大きく広まっていったという。当然、英国内でも戦争に反対する声が多くあったが、それでも戦況が英国側に好転すると、やはりロンドン市内では、ヒステリー的なお祭り騒ぎが起こっていた。熊楠の日記には、以下のような記述が見られる。

一九〇〇年三月一日〔木〕

レヂー・スミス Relief【解放】事成り、諸家旗を出し祝ふ。（『日記』二巻）

一九〇〇年五月十九日〔土〕

昨夜より今日マフェキン救軍達せし報により市中大騒ぎ也。（『日記』二巻）

「レヂー・スミス」（レディスミス〔Ladysmith〕）、「マフェキン」（マフェキング〔Mafeking〕）とともに、現在の南アフリカ共和国の都市で、イギリスのケープ植民地の拠点であった。それらがボーア軍の包囲から解放された際、ロンドン市内は歓喜の声に沸いた。この頃、人々はまさかこの戦争が、長期化・泥沼化するとは予想もしていなかった。

一九〇〇年六月には、トランスヴァールの首都プレトリアが陥落した。そして十月二十九日、ロンドンにおいて義勇軍（CIV：City Imperial Voluntary）による、盛大な凱旋《がいせん》パレードが行われた。この戦争は、トランスヴァールが併合されたことによって一旦は終結した（ように見えた）。しかし、ボーア軍はその後、英国軍に対しゲリラ戦をしかけたのである。これに対し英国軍は、殲滅《せんめつ》作戦をとり、村々を焼き払い、住民のうち男性は周辺の島々へ流刑にし、婦女子は強制収容所へと連行した。強制収容所の環境は劣悪で、幼い子供たちが飢餓や疾病（特に肺炎やチフス）によって、次々に命を落としたという。その衛生状態の悪さたるや、筆舌に尽くし難いものであった。

狭いテントに押し込められ、ひどいときには電流の流れる鉄条網に厳重に囲まれた草地で、毛布一枚で雨ざらしで寝なければいけないという状況であった。…（中略）…テント内は蠅《はえ》だらけで黒テントになっていたし、必需品の石鹼《せっけん》も配給されていなかった。また、入浴のための設備があったとしても、それを利用するのは至難の技《ママ》だし、浴槽そのものが不潔で雑菌がはびこっていた。メレバンクの収容所には二一四五人の女性に十の浴槽しかなかった。その状況のあまりのひどさについて、「ロンドンの貧民窟《くつ》よりもひどい」という感想を述べている報告もある。（岡倉登志《おかくらたかし》『ボーア戦争』）

世界史上、「強制収容所」と呼ばれる施設が初めて誕生したのが、このボーア戦争と言われており、それが後のナチスによるユダヤ人強制収容所などの悲劇へとつながっていった。熊楠は、この戦争についてどのように感じていたのであろうか。後年、熊楠は以下のように振り返っている。

当時一身上南阿【トランスヴァール共和国・オレンジ自由国】が一日も早く亡《ほろ》ぶるを心待ちすべかりしも、実際然らず。自分はいかに成り行くとも、南阿の独立の全からんことを冀《ねが》

い候いし。（「田辺町湊《みなと》村合併に関し池松《いけまつ》本県知事に贈れる南方先生の意見書」、『全集』六巻）

ここには、熊楠による、民族圧迫への反対の姿勢が見られる。熊楠はこの頃（一八九九年前後）、大英博物館を追放され、また実家からの仕送りも途絶え、困窮していた。そのようなとき、ロンドン大学事務総長のフレデリック・ディキンズによって、ケンブリッジ大学に日本学講座を開設し、熊楠をそこの助教授にしようという話が進められていた。熊楠が「一身上」と言うのは、この話のことであった。熊楠の身の上としては、一刻も早くこのボーア戦争の終結、それも英国軍が勝利する形での終結を望まねばならなかった。結局、この戦争は長引き、そのうちケンブリッジ大学就職の話も立ち消えになってしまった。しかし、熊楠はこの戦争で、「自分はいかに成り行くとも」ボーア人（被圧迫民族）が、英国から独立することを切に願っていたと言う。「一身上」の理由より、こちらのほうが熊楠の本心であったようだ。加えて熊楠は、しがらみの多いアカデミックな世界（学校という組織・学界）を嫌っていた。独学こそが自分の道だと信じていたので、ケンブリッジ大学の助教授になることは、彼にとっては、実はそれほど重要ではなかったのかもしれない。

ここで、ボーア人について少し補足しておきたい。ボーア人とは、十七世紀に南アフリカに移住したオランダ人や、ナントの勅令（一五九八年）以後迫害されたフランス人プロテスタントの亡命者たちの子孫を指す。今日、彼らは「アフリカーナー」（Afrikaner）を自称している。

ケープタウンはもともと、オランダ東インド会社によって建設され、オランダの貿易基地として発展した。ケープは、オランダの植民地だったのである。原住民であったコイコイ人は迫害され、その結果、彼らのコミュニティは崩壊した。その後、白人たちとの混血が進み、ケープ特有のアフリカーンス語が生まれ、独自の文化を形成していくことになる。特に、ケープ植民地のオランダ系移民を中心に「ボーア人」という民俗集団は形成された。彼らは、自ら「アフリカーナー」と言うように、オランダ人移民の子孫というより、あくまで、アフリカの「ボーア人」という意識が強かったと言える。このような複雑な南アフリカの歴史を、熊楠がどこまで知っていたかは不明であるが、彼はボーア人を、一つの民族集団として見ていたことは確かである。

熊楠が、この被圧迫民族に特別な「肩入れ」をした理由——それは、戦争によって、その地域独自の文化や宗教が失われてしまうことを危惧《きぐ》したからだと思われる。日本には日本独自の、東アジア諸国には東アジア諸国独自の、西欧諸国には西欧諸国独自の文化・宗教がある。世界各国にとって最も重要なことは、その国々の独自性（特色）を伸ばし、それらを認め合いつつ競合（あるいは協合）することなのである。決して各国の特色（長所）を踏みつぶしてはならないのである。

例えば、第2章でも紹介したが、柳田國男に宛てた書簡には、端的に以下のような事柄を述べている。

白人には白人の長所あり、東洋人には東洋人の長所あり、一を執って他を蔑し、一を羨んで他は絶望すべきにあらず、（柳田國男宛書簡、一九一一年十一月六日、『全集』八巻）

また熊楠は、その国（その地域）独自の文化・宗教を大事にしないことは、愛国心の喪失につながるとも考えていた（第5章第1節参照）。

ところで、熊楠をケンブリッジ大学の助教授にしようとしたディキンズとは、どのような人物だったのか。熊楠がディキンズと初めて会ったとき、彼はすでに還暦に近い年齢であり、ロンドン大学の事務局での職務の他に、日本文学の翻訳なども行っていた。熊楠とディキンズは、日本の古典文学の翻訳や解釈をめぐって、時に衝突しながらも認め合い、熊楠が帰国した後も書簡によって長く交流した。二人は、国籍・年齢の差を超えた深い友情で結ばれていた。一九〇五年には、熊楠と共訳で『方丈記』を翻訳（英訳）し、それは『王立アジア協会雑誌』に掲載された。熊楠の「大英博物館事件」においても支援の

F. V. ディキンズ
写真提供：南方熊楠顕彰館

手を差し伸べ、また熊楠のロンドン時代、しばしば経済的支援をしてくれたのが、このディキンズであった。第1章で紹介したように、熊楠に英文の自伝の刊行を勧めたのもディキンズである。ディキンズは、熊楠の結婚（一九〇六年七月）後、そのお祝いとしてダイヤに真珠をちりばめた指輪を送っている。それに添えられた手紙には、以下のようにある。

私の知るもっとも卓越した日本人への賛辞を込めてこの指輪を贈ると、君の妻に伝えてください。君は伯爵でも男爵でもないけれど（あえて言えば君はそんなものにはなりたくもないだろうね）、君のような友人を持てたことは、ここ何年かの間、常に私にとって大きな喜びであり、また利益でした。君は東洋と西洋に関するかくも深い学識を持ち、人間世界と物質世界の率直で公平でしかも私心のない観察者です。（ディキンズから熊楠へ送られた手紙、一九〇八年一月八日、未公刊）

これは、熊楠の人となりを実によく見抜いた、最高の賛辞ではないだろうか。地位や名誉には執着せず、東洋と西洋に関する非常に深い学識を持った人物。そして何よりも、人間とそれ以外の世界への率直で公平で、しかも私心のない観察者――これこそ、まさに南方熊楠という人間なのである。

嫌気がさした遺産相続の話し合い

経済的困窮、大英博物館からの追放、大学職の話の立ち消えなど、熊楠のロンドン時代後期は、不遇だった感が否めない。結局、熊楠は一九〇〇年九月一日、約八年間滞在したロンドンを後にし、日本へ帰国する。

熊楠が帰国したこのとき、日本から英国へ船で向かっていた一人の日本人がいた。それが夏目漱石（一八六七〜一九一六年）である。熊楠と漱石という二つの巨星は、一九〇〇年九月二十七〜二十八日、ちょうどインド洋上ですれ違っている。同じ一八六七（慶応三）年生まれの二人は、ともに一八八四年、大学予備門に入学している。当時予備門の入学者は、百名余りであった。現在の東京大学教養学部は三千人強だから、今と比べれば相当少ない。しかし、二人の当時の日記などにおいて、お互いの名前は出てこない。「歴史にもしはない」、手垢《てあか》のついた言葉だが、もし、両者に交遊があったら……と考えるだけでも面白い。しかし筆者は、両者はやはり、出会わないことが必然だったと考える。二人はあまりにもその気質が違いすぎたのではないか。学校・官僚（エリート）嫌いの熊楠にとって、優等生漱石の在り方は最も目指さざるものであり、真面目《まじめ》でプライドの高かった（おそらく世間体なども相当気にしていたであろう）漱石にとって、「極端人」熊楠の在り方は最も目指さざるものであった。そもそも野外採集に夢中になって、講義などろくに出席していなかった熊楠に、学内で交流を持とうとすることこそ不可能だったかもしれないが。

一九〇〇年十月十五日、熊楠を乗せた船は、神戸港に到着した。

南阿戦争【ボーア戦争】は永くつづき、ケンブリジに日本学講座の話しも立消えになったから、決然蚊帳《かや》のごとき洋服一枚まとうて帰国致し候。外国にまる十五年ありしなり。

（「履歴書」、『全集』七巻）

「蚊帳のごとき洋服一枚」をまとった熊楠の帰国を迎えてくれたのは、弟の常楠であった。常楠は、亡父のあとを引き継ぎ、酒造業で成功していた。熊楠は、生前の父と縁のあった理智院《りちいん》（大阪府泉南《せんなん》郡岬町《みさきちょう》）、円珠院《えんじゅいん》（和歌山市秋葉町《あきばちょう》）などの寺に、食客として世話になり、その後常楠宅にも数か月間滞在した。常楠の妻は、熊楠の滞在にあまりよい顔をしていなかったようだ。妻と実兄との板挟みだった常楠の気苦労が思いやられる。

帰国して見れば、双親すでに下世して空しく卒塔婆《そとば》を留《とど》め、妹一人も死しおり、兄は破産して流浪する、別れしとき十歳なりし末弟は二十五歳になりおる。万事かわりはており、次弟常楠、不承不承に神戸へ迎えに来たり、小生の無銭に驚き（実は船中で只今海軍少将たる金田和三郎氏より五円ほど借りたるあるのみ）、また将来の書籍標品のおびただしきにあきれたり。（「履歴書」、『全集』七巻）

父と母はすでに亡くなり、生来病弱だった妹藤枝も、熊楠がアナーバーに滞在中の一八八七年九月五日に亡くなっていた。兄藤吉は破産し、熊楠が渡米した時十歳だったもう一人の弟楠次郎は二十五歳になっていた。――熊楠が帰国したとき、全てが様変わりしていた。

一九〇一年九～十月、しきりに親族間で会合が開かれている。日記には、この会合の内容は書かれていないが、どうやら亡父の遺産相続をめぐってのことだったようだ。

一九〇一年十月二十四日
……八時前帰れば、常楠平助を大坂よりつれ帰り、兄もあり。平助、熊、弥兵衛、常楠、貞造及予、会議徹暁。（『日記』二巻）

常楠家との不和や、夜を徹しての遺産相続問題の会合など、熊楠にとって、そのようなしがらみは、耐えがたいものであった。世人にとって、しがらみは付き物である。世間あるいは家族・親族におけるしがらみは時に絆《きずな》となり、私たちを強く結びつけることもあるが、時に私たちの足かせとなり束縛するものにもなる。熊楠は、やはり世人になり得なかった。しがらみは熊楠の自由自在な動き（あるいは極端な移行）を妨げるもの以外、何ものでもなかった。つまりそれは、熊楠の在り方を否定するものでしかなかった。

体よく追い出されて那智へ

熊楠は、この遺産相続問題の喧騒《けんそう》から逃れるように、那智へ向かった。――このように言うと、いかにも積極的、自主的に、熊楠が那智へ行ったように感じられるが、実際は、熊楠は親族から体《てい》よく那智へ追いやられたと言うべきであろう。当時、常楠が経営していた南方酒造は、那智勝浦に支店を持っていた。兄の扱いに苦慮した常楠からの助言があったのであろう、熊楠はこの支店の応援を名目に勝浦へと向かったのである。当初は、酒造りの忙しい冬期だけの滞在予定だった。しかし熊楠は、この土地に引き付けられるかのようにとどまり、結局一九〇四年九月まで、ほぼ三年間、この地を拠点にすることになる。当時、世界最大の都市であったロンドンから、「蒙昧《もうまい》」たる熊野那智へ。それはあまりにも極端な移行であった。

当時の熊野那智の様子を、熊楠は以下のように述べている。

そのころは、熊野の天地は日本の本州にありながら和歌山などとは別天地で、蒙昧といえば蒙昧、しかしその蒙昧なるがその地の科学上きわめて尊かりし所以で、小生はそれより今に熊野に止《とど》まり、おびただしく生物学上の発見をなし申し候。……（中略）……御承知の通り紀州の田辺より志摩《しま》の鳥羽《とば》辺までを熊野と申し、『太平記』などを読んでも分かるごとく、日本のうちながら熊野者といえば人間でなきように申せし僻地《へきち》なり。小生二十四年前帰朝せしときまでは（実は今も）今日の南洋のある島のごとく、人の妻に通ずるを尋常のことと心得たるところあり。（「履歴書」、『全集』七巻）

洋行帰りの熊楠にとって、熊野那智は、相当衝撃的な場所だったようである。しかし、その「蒙昧」さに圧倒されながらも、同時にそこに強く惹かれもした。「蒙昧」とは、つまり「暗い」「知識がない」という意味である。当時、まだ相当量原生林を残していたであろう熊野の森は、それこそ暗かった。人間の手の付いていないこの暗い森は、生物採集に最適であった。また、僻地であった熊野那智には、都市では決して見ることができないような、特に性にまつわる民俗が生き生きと残っていた。人々はそれを見て、ここの者たちは「知識がない」、この地は文明化されていない、などと言うかもしれない。しかし、熊楠にとっては、そのような「知識がない」ことこそ、日本古来の習俗などを知る上で、大変重要だった。

熊楠は、歯の治療などで一時期和歌山市へ行ったこともあったが、基本的には、那智山麓《さんろく》の大阪屋という旅館にとどまり、植物採集などに精を出した。生活費は、常楠からの月々二十円の仕送りであった。熊野古道の面影を最も美しく残していることで有名な大門坂《だいもんざか》の長い石段のすぐ手前、那智山という神域に最も近い宿、それが大阪屋であった。

那智の森の中で、熊楠の知は恐ろしいほど研ぎ澄まされていた。大阪屋という仮住まいには、遊学時代の下宿のように大量の書籍を持ち込むわけにはいかない。近くに図書館などあるはずもない。しかし、だからこそ熊楠の知は冴えわたったのである。

那智山麓の旅館大阪屋
写真提供：南方熊楠顕彰館・八坂書房

熊野古道の大門坂の石段
写真：筆者撮影（2009年５月30日）

小生二年来この山間におり、記臆のほか書籍とては『華厳経《けごんきょう》』、『源氏物語』、『方丈記』、英文・仏文・伊文の小説ごときもの、随筆ごときもの数冊のほか思想に関するものとてはなく、他は植物学の書のみなり。それゆえ博識がかったことは大いに止むと同時にいろいろの考察が増して来る。いわば糟粕《そうはく》なめ、足のはえた類典ごときことは大いに減じて、一事一物に自分の了簡がついて来る。（土宜法龍宛書簡、一九〇三年六月三十日、『全集』七巻）

どうやら冴えわたったのは、知だけではなかったようだ。このとき熊楠は、五感全てが媒体となり、言葉では到底表せないような、森の情報を感得していた。見るもの、触れるもの、味わうものなどが頭とは別の部分で納得できた。つまり「一事一物に自分の了簡がついて来」たのである。

周知の通り、熊野那智山は古来、「死」の影が付きまとう場所である。那智山の一角を占めている妙法山の阿弥陀寺《あみだじ》は、死者が詣でる寺として知られている。一方で、那智山は「再生」の場所でもある。例えば、源頼朝に源氏再興の旗揚げを促したことでも知られる文覚《もんがく》上人（一一三九～一二〇三年）は、那智の滝で修行中、一度息絶えたが、不動明王の使いである二人の童子によって再び蘇《よみがえ》ったなどという伝説がある。この他にも、熊野あるいは那智山における「死」と「再生」にまつわる物語は、数多く残っている。熊野那智山、そこは「生」と「死」が混在する異空間なのである。

筆者は、何度も那智山を訪れたことがあるが、そのたびに、その空気が明らかに非日常的であることを感じた。夏でもひんやりと冷たいその空気の中、こんもりとした木々に覆われた石段を上がっていく――この石段は、このまま死の世界へとつながっているのではないか、このまま行くと自分は消えてしまうのではないか、そのような不安に襲われるほど、そこは不気味でもあり、神聖でもある場所なのだ。そこでは「生」の世界と「死」の世界の空気が混じり合っている。そこは、二つの世界の「通路」なのである。

熊楠は、一方の足を「生」の世界に、もう一方の足を「死」の世界に置いていた。消えてしまいそうになる自己意識を、かろうじて失わないようにしながら、「あの世」と「この世」の両方をのぞき込むことができるところ、そこが当時熊楠のいた場所であった。

熊楠は、この「通路」において、「死」を本当に間近に感じていた。日々「死」の世界へ入り込んでしまう可能性が、熊楠には付きまとっていた。この頃熊楠は、「生」を放棄したいほどの自暴自棄に陥っていた。しかし、「死」を意識できるということは、その対極にある「生」があるからである。「生」なくしては「死」は考えられず、「死」なくしては「生」は考えられない。「生」だけ、「死」だけ、という在り方は、決して成り立たないのである。熊楠は「死」を間近に感じることで、「生」を放棄しようとしたのではない。事実、熊楠が「死」を意識していたこの時期こそ、彼の思想は最も深化し、輝いていたのである。熊楠の思想の中核である「南方曼陀羅」が生まれたのは、この時期だった。また、膨大な数の粘菌や隠花植物を採集したのも、やはりこの時期であった。那智隠栖期、明らかに熊楠の「生」は輝いていたのである。

熊楠は、「死」の世界に最も近いとされる、妙法山阿弥陀寺へも足を伸ばしている。人は亡くなった後、幽魂となり、必ず妙法山に参り、その境内にある「亡者の一つ鐘」を撞《つ》くと言われている。また阿弥陀寺の本堂には「死出の山路」という文字が書かれた額が堂々と飾ってある。死者の魂が、現世において最後に訪れる寺、それがこの阿弥陀寺なのである。熊楠が、この寺を訪れた理由、それは、彼がロンドン時代に最も世話になった大恩人、中井芳楠（第３章第３節参照）を弔《とむら》うためであった。中井は、一九〇三年二月九日に亡くなった。熊楠は、十三日に中井の訃報を受け取った。その三日後、熊楠は一人、阿弥陀寺へ詣でている。

一九〇三年二月十六日
それより妙法山に趣く。寺へ凡そ八町といふ処に指したる手を木札にかき、妙法へ八町、死出の山ぢで思ひ知せる、と仮名にてかきたり。此辺熊篠《くまざさ》はえ、物さびしきこと限なし。
中井芳楠氏を追懐しながら歩く。（『日記』二巻）

熊楠はロンドンにおいて、中井に四百円余り借りていた。結局、この借金は返せなくなってしまった。熊楠のロンドン時代、経済面で支え、そして土宜法龍をはじめ、さまざまな人々に会わせてくれたのが中井だった。また熊楠と同郷で、しかも名前に同じく「楠」の字を持つからであろうか、熊楠は中井に非常に親近感を抱いていたようだ。それだけに、彼の死は、熊楠にとってショックであった。

別れがあれば出会いもある。那智隠栖期、熊楠は小畔四郎（一八七五〜一九五一年、日本郵船を経て近海郵船神戸支店長・内国通運専務・石原汽船顧問などを歴任）と出会った。後に、熊楠の粘菌研究における、高弟と呼ばれる人物である。このとき小畔は、休暇を利用して那智山で趣味の蘭《らん》採集を行っていた。小畔とよほど気が合ったのであろう、熊楠は勝浦港から船で帰る小畔を引き留めようと、人力車に乗って追いかけている。このときは結局間に合わなかったが、その後二人は、書簡はもちろん、粘菌とその目録のやりとりなどを絶えず行った。この小畔との出会いが、後に昭和天皇への御進講へとつながっていく。

小畔は、もともと野生の蘭の採集を趣味としていたが、熊楠の影響もあり、次第に粘菌に関心を持ちはじめる。小畔は、仕事で日本各地あるいは外地（樺太《からふと》・台湾・朝鮮など）を転々とすることがあったが、そのたびに粘菌を採集して、その目録を熊楠に送っている。熊楠はそれを検査し、所見などをつけて小畔へ返送した。熊楠から小畔への書簡を見ると、自身の知識を全て小畔に伝えようとするほどの勢いが感じられる。そして熊楠は、小畔を「粘菌大王」と呼ぶにいたる。その理由は、熊楠が「もし日本で発見する者がいたら王と尊ぶべし」と言っていたエリオネマ（*Erionema aureum* Penzig）という非常に珍しい粘菌を、小畔が採集したからであった（松居竜五他『南方熊楠大事典』「小畔四郎」の項参照）。

2　オカルティズム研究へ

批判していたオカルティズムへの強烈な関心

ロンドンにいた頃は、オカルティズムを重視していた法龍に対して「オッカルチズム如き腐ったもの」とまで言い放つなど、それを馬鹿にさえしていた熊楠だったが、帰国後は一変する。一九〇四年二月十二日、熊楠は、フレデリック・マイヤーズの大著『ヒューマン・パーソナリティ』(*Human Personality and Its Survival of Bodily Death part 1 & 2*) を取り寄せた（マイヤーズについては、第3章第3節参照）。この著作は、「序論」「人格の分裂」「天才」「睡眠」「催眠術」「知覚上の自動作用」「死者の幻影」「筋肉上の自動作用」「トランス・憑依《ひょうい》・エクスタシー」「結語」の全十章から成っている。マイヤーズの数十年にわたる心霊研究の集大成とも言うべき大著である。日本においては、現在も翻訳出版されていないが、熊楠は今から百年以上も前に、この書物の和訳刊行を考えていた。熊楠は、同書について、「抄訳し、それに小生の注を付し、最後に小生の論を付し……」（土宜法龍宛書簡、一九〇四年三月二十四日、『全集』七巻）などと述べている。しかし結局、それは実現されることはなかった。山を下りた熊楠は、すぐに神社合祀反対運動で奔走する。熊楠には、この書物を翻訳する時間も、心の余裕もなくなっていた。

熊楠は、この書を「近来希なる著作」（土宜法龍宛書簡、一九〇四年六月二十三日、「〔史料〕土宜法龍宛南方熊楠書簡」、『和歌山市立博物館研究紀要』所収）とまで評価しており、彼に与えたであろうその影響力の大きさがうかがえる。事実、熊楠はこの『ヒューマン・パーソナリティ』を、自身の論考において何度も参照・引用している。現在わかっている論考は、以下の八本である。

①「睡眠中に霊魂抜け出づとの迷信」、『人類学雑誌』二十七巻五号、一九一一年八月（『全集』二巻）
②Twins and Second Sight, *Notes & Queries* 11s. iii. 469; iv. 54、一九一一年八月（『全集』十巻）
③「紙上問答　南天の葉と二股《ふたまた》大根」、『郷土研究』一巻三号、一九一三年五月（『全集』三巻）
④「臨死の病人の魂、寺に行く話」、『郷土研究』二巻九号、一九一四年十一月（『全集』二巻）
⑤「馬に関する民俗と伝説」、『太陽』二十四巻十四号、一九一八年十二月（『全集』一巻）
⑥「自分を観音と信じた人」、未発表手稿（『全集』六巻）
⑦「巫《みこ》が高処に上る」、未発表手稿（『全集』六巻）
⑧「猫や鼠と男女の関係」、未発表手稿（『熊楠研究6』）

以上からも、熊楠がいかにこの書物に感銘を受け、また信頼していたかがわかる。

幽霊と幻の違いとは

熊楠が、オカルティズムへ表立って強い関心を示しはじめた背景には、この頃（那智隠栖期）、彼自身に何度も起きていた、不思議な体験があった。例えば、日記には以下のような記述が見られる。

一九〇四年四月二十五日
夜大風雨、予、灯を消して後魂遊す。此前もありしが、壁を透《とお》らず、ふすま、障子等開き得る所を通る故に迂廻《うかい》なり。枕本のふすまのあなた辺迄引返し逡巡《しゅんじゅん》中、急に自分の頭と覚き所へひき入る。恰《あたか》も *vorticella* が螺旋《らせん》状に延し後急に驚きひき縮る如し。飛頭蛮《ひとうばん》のこと多少かゝることより出しならん。（『日記』二巻）

Vorticella とはツリガネムシのことである。熊楠は、ツリガネムシが螺旋状に伸びた後、急に縮まるように（あるいは「飛頭蛮」つまり妖怪のろくろ首のように）、自分の魂が抜け出たのち、また元の位置（自分の頭と覚しき所）に戻ったという。熊楠の魂は、肉体から抜け出ていたのだ。

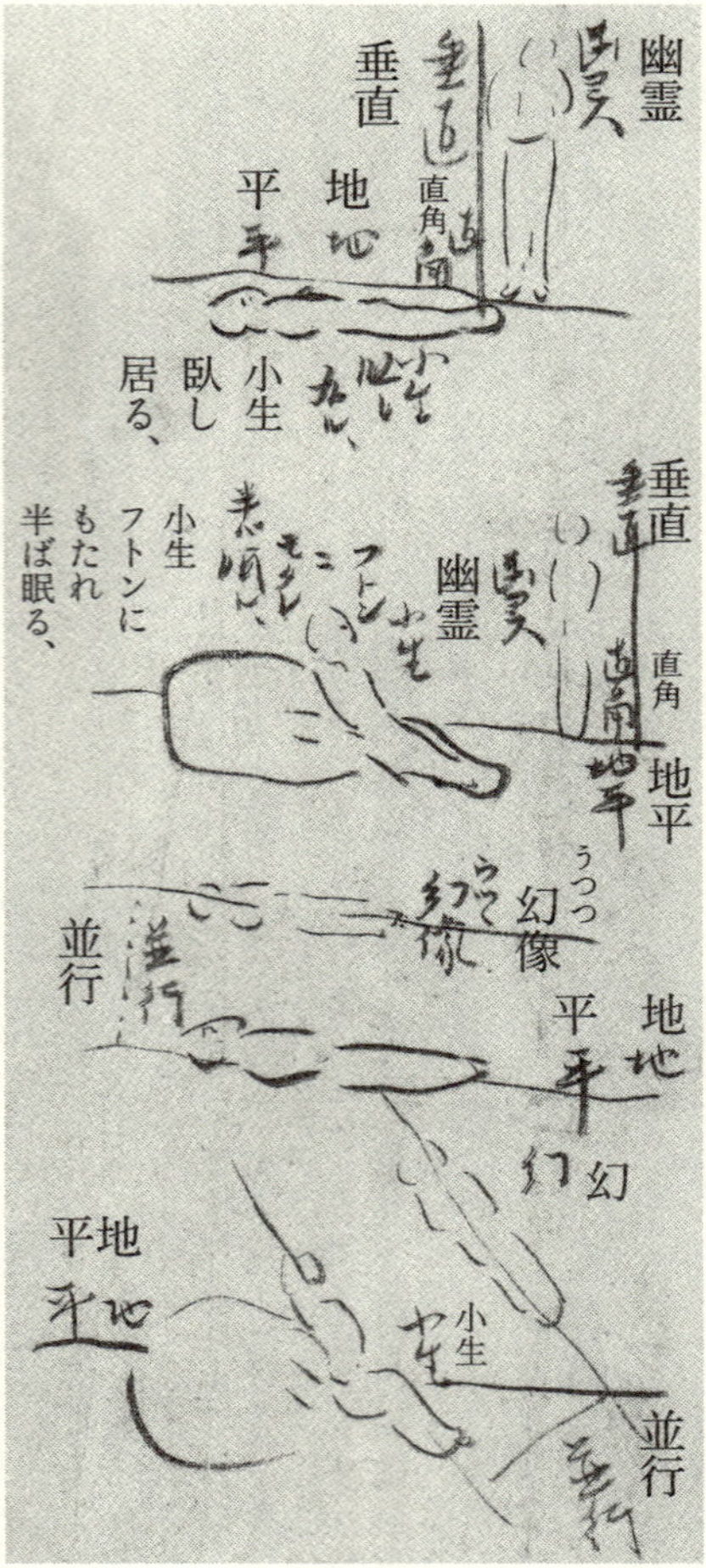

幽霊と「幻（うつつ）」の違いの図（「履歴書」．手書きの文字に翻刻した活字を添えた）
写真提供：南方熊楠顕彰館

これは、いわゆる「幽体離脱」体験である。「此前もありしが」と述べている通り、熊楠は少なくとも二度はこのような体験をしている。

またこの頃、熊楠は、しばしば「幽霊」を見たようだ。熊楠にとって、「幽霊」は非常に身近なものだった。熊楠は、「幻（うつつ）」と「幽霊」の違いについて、以下のように述べている。

かくて小生那智山にあり、さびしき限りの生活をなし、昼は動植物を観察し図記して、夜は心理学を研究す。さびしき限りの処ゆえいろいろの精神変態を自分に生ずるゆえ、自然、変態心理の研究に立ち入れり。幽霊と幻《まぼろし》（うつつ）の区別を識《し》りしごとき、このときのことなり。

幽霊が現わるるときは、見るものの身体の位置の如何《いかん》に関せず、地平に垂直にあらわれ申し候。しかるに、うつつは見るものの顔面に並行してあらわれ候。……（以下略）（「履歴書」、『全集』七巻）

熊楠は、この文章に図を描き添え、「幽霊」と「幻（うつつ）」の違いを説明している。熊楠によると、「幽霊」は地平に対して垂直に現れる。つまり、現実と同じ空間認識で捉えることができる。しかし「幻（うつつ）」は、見る者の顔面に平行（並行）して現れるという。つまり、現実における空間認識が当てはまらないという。

熊楠は那智山において、片足を「幽界」に相当深く踏み入れていたのではないだろうか。夢の中で「幽冥《ゆうめい》（あの世・死後の世界）」に関して、故人と以下のような会話までしている。

一九〇三年三月十日

暁に夢に海辺とも覚き寺堂に人集る。…（中略）…故清原彰甫来り、人をさけてはなす。予問ふ。幽冥にありては此世に大なるはたらきある人と自ら修徳せし人といづれか貴なる。答。そんな別なし。問。然らば一切別なきか。答。有り。（此処言語にきかねども監獄の内に色々分別ある図の如く見ゆる。ラクルアにて見し。）予問。此世界と幽冥と異なりや、答え。明かに予自身中に理会す。此世界の原則は人間のみのものなり。故に幽冥の原則と異なり。但し幽冥に入て後、此世界の原則亦《また》宇宙の一大法の一部分なれば、此世界の原則を推して幽冥の原則を解し得べく、たとひ全く反せることとあるも、其スタンダードは一なることを解し得べしと。予、幽冥は如何。清原答。常に悽噪を覚ゆと。又曰《いう》。彼界又種々あり、彼より此に転じ究りなし。予答。遂に安処なきか。彼答。有り、但し此世界と同く、洞達《どうたつ》するの士に非れば到り難しと。（前夜モンタグの死論の評をノーツ・エンド・キリスにて読しなり。）（『日記』二巻）

ここで、熊楠は、清原彰甫という故人と以下のような、この世とあの世に関する問答をしている。注釈を加えつつ、現代語訳を示す。

熊楠「あの世においては、この世で（世の中に対し）大きな功績を残した人間と、自ら静かに修行し徳を修めた人間ではどちらが貴ばれるのか」

清原「そんな区別はない」
熊楠「そうであるならば、一切何も区別はないのか」
清原「いや、ある」（ここまでの会話で、熊楠は監獄の内にいろいろ区別がある図を思い浮かべている。それはラクルアという人物の本の中で、かつて見たことがあるものであった）
熊楠「この世と幽冥は異なるのか」
清原「私は明らかに（この世とあの世との違いを）理解している。この世の原則は人間のみのものである。この点が幽冥の原則とは異なる。ただし、この世の原則は大宇宙の法則の一部分でもあるので、この世の原則をもって推測し幽冥の原則を解することもできる。たとえこの世と幽冥において全く反することがあっても、その基本は一つであると理解すべきである」
熊楠「結局、幽冥とは何なのだ」
清原「常に凄愴《せいそう》（悲しく、また痛々しいこと）を感じる。（しかし）幽冥にもさまざまあって、あちらからこちらへと転じ、とどまることはない」
熊楠「では常に安心できる所はないのか」
清原「いや、ある。ただし、この世と同じく、ある一定の域に到達した者でなければ、そこに至るのは難しい」

熊楠が、この奇妙な夢を見たのはなぜか。この問答の後に書いていることだが、熊楠によるとそれは、前夜、モンタグという人物による死論の評を『ノーツ・アンド・クィアリーズ』で読んでいたからだという。この人物、評論の詳細は不明であるが、題名から推しはかると「死」あるいは「あの世」についてのことであろう。しかし、このような夢を見た原因は、おそらくモンタグの死論の評だけではない。この時期、熊楠は「精神的危機状態」にあった。英国からの不本意の帰国、家族からも理解されない孤独、さらに古来、「死の世界」と限りなく近いとされてきた幽邃《ゆうすい》極まる那智山での生活は、いやがおうでも熊楠に死を意識させたであろう。この夢は、熊楠と清原の問答形式となっているが、それは夢である限り、熊楠自身による自問自答だとも言える。

清原（＝熊楠）は、幽界を、この世の原則（法則）をもって推測することができるという。なぜなら、両者（幽界とこの世）の根本は一つだからである。また、幽界には大きく分けて二つあるようである。一つは凄愴とした世界、もう一つは安らぎの世界である。安らぎの世界とは、「涅槃《ねはん》」あるいは「大日如来そのもの」と言い換えることができるかもしれない。熊楠は法龍との書簡のやりとりの中で、「万物悉《ことごと》く大日より出、諸力悉く大日より出る」（土宜法龍宛書簡、一九〇二年三月二十六日〔推定〕、『高山寺資料』）と言い、さらに「【我々】は大日の体より別れしとき迄の大日の経歴は一切具」（土宜法龍宛書簡、『高山寺資料』）していると述べている。つまり、この世のものは全て、幽界の中でも完全な安らぎである「大日如来」から分かれ出たものであるから、この世の「法則」にも、その情報（経歴）は全て備わっているのである。だからこそ、人間は「幽界」を推測できるということになる。

「燕石考」の不掲載と精神的危機状態

さて、この夢の少し後の一九〇三年四月、熊楠は渾身《こんしん》の論考「燕石考《えんせきこう》」（The Origin of the Swallow-Stone Myth）を『ネイチャー』に投稿している。この論考において熊楠は、眼病を治し、安産の効用もある「燕石」という不思議な石に関するさまざまな伝承を紹介している。実は、ヨーロッパのみならず日本・中国においても「燕石」の伝説はある。例えば『竹取物語』に登場する「燕《つばめ》の子安貝《こやすがい》」などである。子安貝は、女性器と外見上似ているため「安産」と結びつけられ、スピリファー（中生代中期に絶滅した腕足類《わんそくるい》）の化石はその形が、鳥が翼を広げたようであることから「石燕《せきえん》」と呼ばれる。またスピリファーの化石同様、酢の中に入れると動き出す「酢貝」は、豆粒大の大きさの貝の蓋《ふた》であり、直接まぶたの下に入れて目の治療に用いるが、同じように、ヨーロッパにも「アイ・ストーン」と呼ばれるものがある。このような、東西にまたがるさまざまな俗信の背景を、熊楠は人間の想像力のパターンの在り方から追究している。熊楠は、この論考を自身の英文論考の中でも最高傑作だと考えていた。

しかし、「燕石考」は『ネイチャー』に掲載されなかった。諦《あきら》めきれなかったのか、熊楠は、その後七月にこの論考を『ノーツ・アンド・クィアリーズ』へ投稿している。

一九〇三年九月二十二日
此朝夢に予の燕石考ノーツ・エンド・キリスに出たるを見る。(『日記』二巻)

夢に見るほど期待していたが、十月五日に届いた同誌に、「燕石考」は掲載されていなかった。熊楠はこの日の夜、南海療病院(和歌山県東牟《ひがしむ》婁《ろ》郡那智勝浦町大字天満《てんま》にあった病院)という、当時としてはかなり大きな病院へ歩いて行き、この日から約一か月間入退院を繰り返したようだ。現在のところ、熊楠がなぜこの病院に滞在していたのか、はっきりとはわかっていない。しかし、夢にまで見ていた渾身の論考が不掲載となったショックは、かなり大きかっただろうし、また那智の山奥に孤居し、オカルトと呼ぶ他ないような出来事を何度も経験していた当時の熊楠の精神的な状態(熊楠は、このような状態を特に「精神変態」と呼ぶ)は、かなり危機的だった。つまり、身体的というより精神的な病態のため、熊楠は入院していたと思われる。

熊楠の精神的危機状態は、翌年(一九〇四年)に、より明らかな形で現れてくる(幽霊の現出、体外離脱体験など)が、一九〇三年の時点でもその兆しは見えていた。

例えば以下の出来事も、熊楠が言うところの「精神変態」であろう。

一九〇三年七月二十二日

終日在寓、午後仮寐す。ソンナンビュール如き症をおこす。（『日記』二巻）

熊楠のいう「ソンナンビュール」とは、ソンナンビューリズム（Somnambulism）のことで、それはいわゆる「夢遊《むゆう》病（眠っているうちに起きだし何らかの行為をする症状が見られる。夢中遊行症）」である。「夢遊病」は、昼間の心的葛藤《かっとう》がその原因であることが多いという。熊楠は、一九〇三年にはすでに「精神変態」を起こしていたと言える。翌年にかけて、その頻度は増してくる。それが、彼に「死」を意識させても、決して不思議なことではなかった。この頃の日記や書簡には、「死」の文字が多く現れる。

一九〇四年一月一日
死出の山路くまざゝはえしし合せや　死出の山路はなほさゝ（酒）斗り（『日記』二巻）

この状一度封せしが、思い出づること少々あるから、死なぬ間に聞かせやるなり。（土宜法龍宛書簡、一九〇四年一月四日、『全集』七巻）

これらの記述からは、熊楠が明らかに自身の死を意識していたことがうかがえる。実際、熊楠は那智での採集活動において、死んでもおかしくないような危険な状況が何度かあった。

一九〇四年三月二十九日
正午後より向山《むこうやま》に登り、三ノ滝より進み向山つゞき北嶺《ほくれい》に上り、それより直下して向山の後の東脇を下る。此とき四時過頃也。始めは草葉木葉深き密林なりしが、一所にて北に水の音をきく。行見るに谿流《けいりゅう》也。それより此流にそひ下るに、だん〳〵昏《くら》くなり、月明かに東の丸石山頭に出、道おひ〳〵細くなり、六七丈も深かるべき絶壁のへりをつたひゆく。下は瀑布《ばくふ》也。然るに此径《みち》極り、樹幹三四五寸径のもの数本ならべ渡せり。ふみはづせば幾丈とも知れぬ淵に落る也。…（中略）…其上の粗ぼ《ほ》平なる岩にへたばり、蜘蛛《くも》の如くににじり横《よこぎ》る。手に一株をつかむ。然るにつかむ力よわりぞろ〳〵と滑りかゝり、気味甚悪し。（『日記』二巻）

採集に夢中になりすぎたのであろうか、熊楠が宿へ帰る頃には、あたりは暗くなりはじめていた。そして月明かりをたよりに、熊楠は二十メートルほどもある絶壁の縁《ふち》を歩いていた。下は瀑布、踏み外せば当然、即死である。蜘蛛のように岩にへばりつき、もはや握力もなくなりずるずると滑り落ちそうになった――。このように、熊楠の採集活動は「死」を覚悟したものであった。もしかしたら「もう死んでもいい」とさえ思い詰めた末の行動だったのかもしれない。

霊魂論——熊楠の生命の樹とカバラの生命の樹

以上見てきたように、この頃、熊楠は常に「死」を意識していた。そのような熊楠が、法龍との書簡の中で霊魂のことについて語るのは、当然の流れだったように思われる。

図A・Bは、奥山直司（一九五六年〜、インド・チベット密教史研究者）によって「熊楠の生命の樹」と名付けられたものである。熊楠自身は、これらを指して「猶太教の密教の曼陀羅」と言う。図Bは、図Aを逆さまにしたものである。「南方曼陀羅」同様、土宜法龍宛の書簡（一九〇二年三月二十五日、『高山寺資料』）の中で表されたものである。これは神秘思想のカバラの「セフィロトの樹」に酷似している。「セフィロトの樹」は、神秘思想のカバラにおいてさまざまな解釈がなされているが、基本的には、エデンの園に植えられたと言われる「生命の樹」と同義である。近代以降の西洋魔術、特に黄金の夜明け団などで研究が行われていた。宇宙の創造過程を表す図ともされている。

熊楠は、後述のように華厳経および真言密教の思想を換骨奪胎《かんこつだったい》して「南方曼陀羅」を構想したように、この「熊楠の生命の樹」も、カバラの「セフィロトの樹」を独自に読み換えて構想したと思われる。

ここでは、この図が表す、万物生成のプロセスを見ていこうと思う。

熊楠によると、図Aの一番下あるいは図Bの一番上の「大日（如来）」から、生物個々の「霊

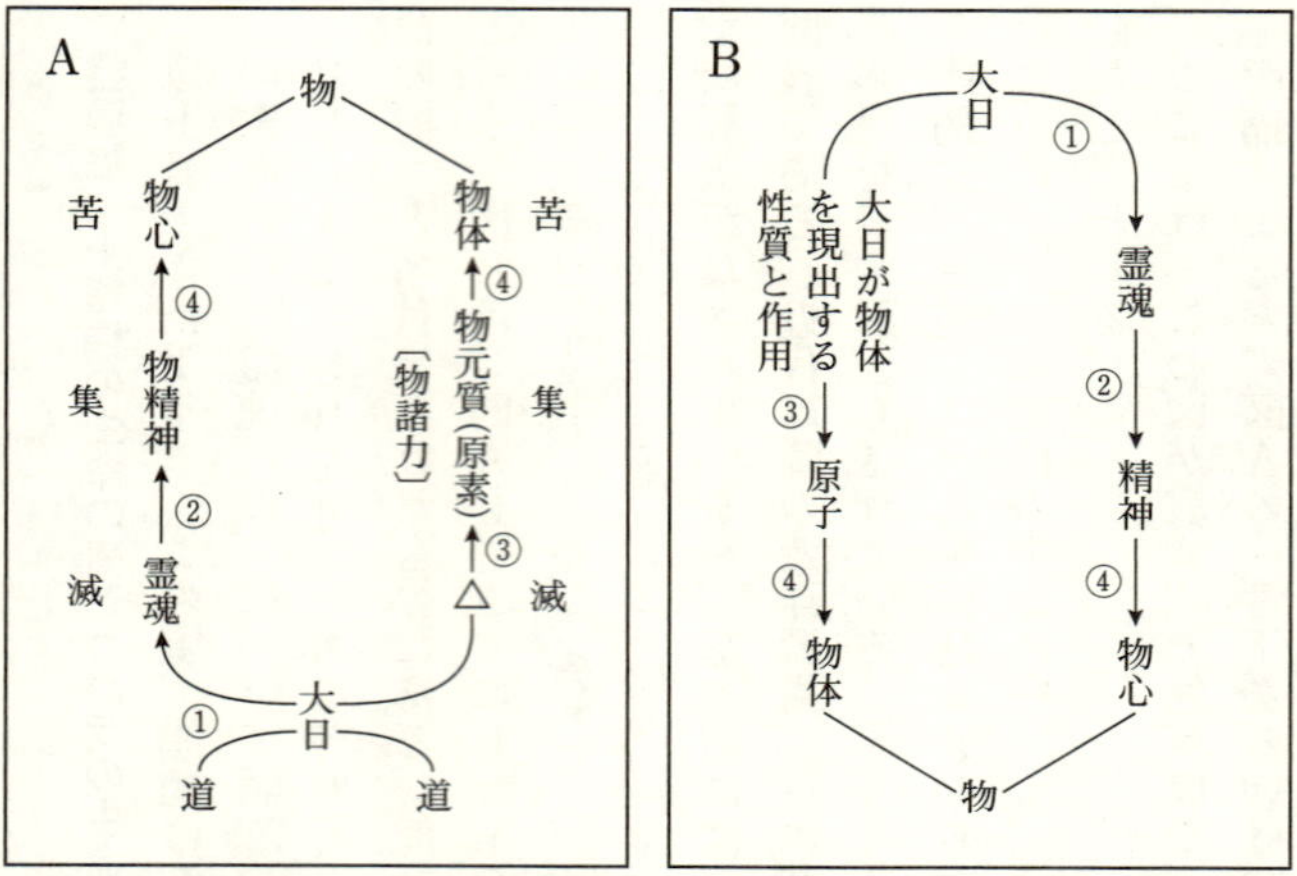

「熊楠の生命の樹」（土宜法龍宛書館〔1902年３月25日〕の手書きの図を翻刻・簡略化）

魂」が生じるという（①）。つまり「大日」とは、最も根本的なもの、根源的な場なのである。そして熊楠は、「霊魂」から「精神」が生まれるという（②）。他方、この「大日」には、物を成出する性質と作用があり、それによって「原素」が生まれるという（③）。そして、この「原素（原子）」と「精神」からそれぞれ、「物体」と「物心」は生じる（④）（①～④は図中の番号に対応）。「物体」と「物心」によって、「物」の世界（「南方曼陀羅」で言うところの「物不思議」）は成っている（熊楠の言う「物心」とは、どうやら人間以外の生物のものであり、人間の心すなわち「人心」とは異なるようだ）。いや、生物のみならず、例えば非生物である水晶の結晶が生成するように、土や石などにも「物心」はあると熊楠はいう。万物に霊魂を宿らせるアニミズム的思考がここには見られる。熊楠は、「人心」と「物心」とを区別しているようだが、そのプロセス、すなわち、根源的な場である「大日」から全てが胚胎《はいたい》する過程（大日→霊魂→精神〔原素・原子〕→心〔体〕）に変わりはない。

図Aには、「苦」「集」「滅」「道」（四諦《したい》）の文字が見られる。苦集滅道——これは仏教の根本教理を示す語である。すなわち「苦」は、生・老・病・死の苦しみ、「集」は、この「苦」の原因である迷いの心の集積、「滅」は、「苦」と「集」を取り去った悟りの境地、「道」は、悟りの境地に達する修行のことである。つまり「物体」と「物心」とが合わさった生物には、常に生・老・病・死の「苦」が付きまとう。そして、この悩みと迷いが集積したものが「物精神」と「物元素」（それは「物心」「物体」の基）である。さらに、これら「苦」と「集」とを取り去ったもの（「滅」したもの）が、「霊魂」である。また、「大日」という根源的な場へいたるためには、「道」すなわち解脱《げだつ》への道を通らなければならない。

極簡単にいへば「人心は体死ると共に死す。それより精神、神又は鬼となる。此世の事を記せず。但し人心悟あらば、又精神も悟あらば霊魂となる。此世の事を記す。大安心なり。万物みな霊魂になる見込あり。人の如く見込つよからぬのみ。扨《さて》霊魂特存して復《ふたた》び下世し、又大日に入て静止行楽するも勝手也。故に安心也。（土宜法龍宛書簡、一九〇二年三月二十五日、『高山寺資料』）

老いなり病なり（苦）によって、人間が死ぬという事柄は、つまり「人心」が身体（物体）という目に見える「物」とともになくなるということでもある。しかし、その心は集積し（集）、その基たる「精神」（熊楠は、それを「神あるいは鬼などと言い換えてもよい」という）となり、さらに「心」の集積である「精神」は、それらを消して「霊魂」へ移行することが可能である（滅）。この「霊魂」は、再び「精神」となることもあるし、解脱への「道」を通り、「大日」という根源へ復することもあるのだ（道）。

この「熊楠の生命の樹」は、以下に詳述する、「南方曼陀羅」の前段階の構想であった。それは、ロンドン時代の「事の学」と「南方曼陀羅」とをつなぐ思想であったとも言える。それゆえ、おそらく熊楠自身の中でも、この思想はまだ固まっていなかったのではないだろうか。「熊楠の生命の樹」は、あまりにも複雑で入り組みすぎている感が否めない。

3　「南方曼陀羅」

構造と要素（エレメント）

「熊楠の生命の樹」から四か月、そして「事の学」からおよそ十年の時を経て、「南方曼陀羅」は表された。ロンドンとパリ、那智と京都を往復した、熊楠と法龍との書簡における中心的話題は、仏教的生命観・宇宙観であった。熊楠が「事の学」を構想し、書簡でその内容を伝えたとき、法龍は、

　前月、事の説明をなす。かのごときは随分説き明かして面白し。（法龍から熊楠への書簡、一八九四年三月中旬〔推定〕、『南方熊楠　土宜法龍　往復書簡』）

と返事をし、この「事の学」をさらに発展させることを熊楠に促している。熊楠は、十年近く前の、この法龍の言葉を忘れていなかった。一九〇三年六月七日、熊楠は以下のように述べている。

　わが曼陀羅に名と印とを心・物・事（前年パリにありしとき申し上げたり）と同じく実在とせることにつき、はなはだしき大発明をやらかし…（中略）…よって今年中に英文につづり、英国の一つ科学雑誌へ科学者に向かいて戦端を開かんとするなり。（土宜法龍宛書簡、一九〇三年六月七日、『全集』七巻）

熊楠は、自身が構想した「事の学」を発展させて、さらには「英国の一つ科学雑誌」つまり

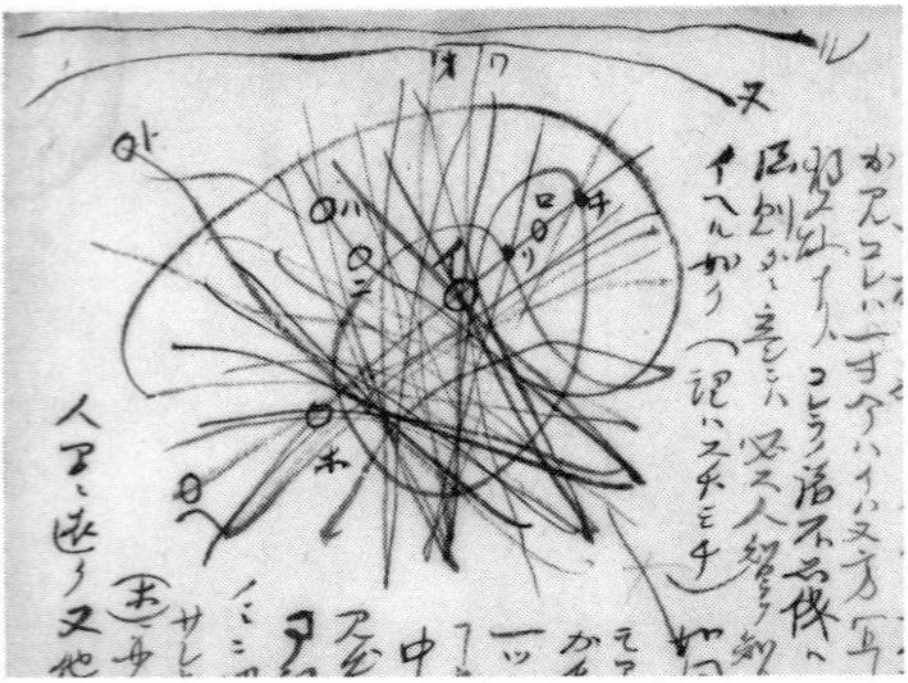

「南方曼陀羅」（土宜法龍宛書簡，1903年7月18日）
写真提供：南方熊楠顕彰館

『ネイチャー』へ論文として送ると言うのだ。しかし、熊楠が「わが曼陀羅」に関する論文を『ネイチャー』へ送ったかどうかは、今のところ不明である。

そして七月十八日、ついに「南方曼陀羅」が記されることになる（土宜法龍宛書簡、一九〇三年七月十八日、『全集』七巻）。ここで注意しておきたいことは、これは熊楠自身が「南方曼陀羅」と名付けたものではないということである。この「南方曼陀羅」という名称は、熊楠の死後、三十年ほど経って、鶴見和子によってこの図を見せられた仏教学者中村《なかむら》元《はじめ》（一九一二〜九九年）が付けたものなのである。

熊楠によるこの「曼陀羅」の概要は、およそ、以下の通りである。

私たちの生きるこの世界は、物理学などによって知ることのできる「物不思議」という領域、心理学などによって研究可能な領域である「心不思議」、そして両者が交わるところである「事不思議」という領域、さらに推論・予知、いわば第六感で知ることができるような領域である「理不思議」によって成り立っている。そして、これらは人智を超えて、もはや知ることは不可能な「大日如来の大不思議」によって包まれている。「大不思議」には内も外もなく、区別も対立もない。それは「完全」であるとともに「無」でもある。大日如来とは、真言密教における教主であり、宇宙の実相を仏格化した根本仏であるとされる。また、この図の中心にあたる部分（イ）を、熊楠は「萃点《すいてん》」（「萃」には、集まる、集める、寄り集うという意味がある）と名付けている。それは、さまざまな因果が交錯する一点であり、熊楠によると、「萃点」からものごとを考えることが、問題解決の最も近道であるという。

そもそも、熊楠の言う、この「不思議」とはいったい何なのか。差し当たっては「領域」と言い換えてよいと思われる。おそらく熊楠にとって「不思議」（特に人智を超えた「大不思議」）とは、Mystery というより、むしろ Wonder（ワンダーランド〔素晴らしいところ〕の Wonder）であったのではないだろうか。Mystery、Wonder ともに「不思議」という意味を含むが、熊楠の言う「不思議」とは、より素晴らしく、またより羨《うらや》ましくもあり、そして何よりも驚嘆《きょうたん》に値するものであった。その意味では、「不可解」や「謎」の意味も含まれる Mystery よりも、Wonder のほうが、ここで言う「不思議」に近いように思われる。人智は常に不完全であるが、この「不思議」に立ち向かわなければならない。熊楠は「不思議（あるいは自分が持ち合わせていないもの）」に対する、人智の弱々しさや謙虚さを表すため、その語を使用したのかもしれない。

これまで多くの研究者が、この「曼陀羅」解釈に挑んできた（そもそもこれを「曼陀羅」と呼んでよいのかという事柄も含めて）。しかし、それらは「物」「心」「事」までの研究にとどまっていたように思われる。残る二つの要素「理不思議」と「大不思議」とは何か、そして両者の関係はどのようなものなのか——これらについて、突き詰めて述べた研究は、これまでほとんどなかったと言ってよい。おそらく、このような偏った研究の背景には、哲学的なアプローチを行う熊楠研究者が極めて少なかったことがあるように思われる。特に、これまで「大不思議」のみを扱った論考はなかった。中沢新一《なかざわしんいち》（一九五〇年〜、宗教学・人類学者）は「大不思議」について、

南方マンダラ全体の土台にすえられたが、それ自体は、思考をこえたものとして、あらゆるかたちをとる理性の外に、おかれたのである。（『森のバロック』）

と述べている。また、鶴見和子は、

この大日如来の大不思議とは、実在ということであろう。（『南方熊楠・萃点の思想』）

と述べるにとどまっている。

二〇〇四年、熊楠から法龍への書簡が京都の栂尾山《とがのおさん》高山寺において大量に発見され、さらに

二〇一〇年に『高山寺蔵 南方熊楠書翰 土宜法龍宛一八九三―一九二二』として出版されるにいたり、熊楠の「大日」観、あるいは「大不思議」への考え方の輪郭が、今ようやく見えはじめてきたと言える。

ここに一言す。不思議ということあり。事不思議あり。物不思議あり。心不思議あり。理不思議あり。大日如来の大不思議あり。（土宜法龍宛書簡、一九〇三年七月十八日、『全集』七巻）

熊楠による「南方曼陀羅」の説明は唐突に、奇妙な絵図とともに始まる。先述した通り、熊楠によると、この「曼陀羅」は、五つの要素（領域）から成り立っているという。その要素とは、可知の領域である「事不思議（心界と物界とが交わる領域）」「物不思議（物理学による研究領域）」「心不思議（心理学によって考究可能な領域）」、そしてこれら各領域の上位にあり、かろうじて人智によって知り得ることができる「理不思議（予知・第六感の働く領域）」、さらにそれらを全て包み込む「大不思議」である。

熊楠は、この五つの領域のうち、現在の学問は「物不思議」ばかりに拘泥《こうでい》しており、その他の領域は、まだまだ研究されていないと述べている。

予は、今日の科学は物不思議をばあらかた片づけ、その順序だけざっと立てならべ得たることと思う。…（中略）…心不思議は、心理学というものあれど、これは脳とか感覚諸器とかを離れずに研究中ゆえ、物不思議をはなれず。（同前書簡続き）

熊楠は「物界（物不思議）」と「心界（心不思議）」の研究は、別々の学問領域でそれぞれ研究されているが、「心界」の研究は「物界」の研究と大して変わりがないとも言う。熊楠は、別のところでもやはり同様のことを述べている。

今の学者（科学者および欧州の哲学者の一大部分）、ただ箇々のこの心この物について論究するばかりなり。小生は何とぞ心と物とがまじわりて生ずる事（人界の現象と見て可なり）によりて究め、心界と物界とはいかにして相異に、いかにして相同じきところあるかを知りたきなり。（土宜法龍宛書簡、一八九三年十二月二十四日、『全集』七巻）

ここでもやはり熊楠は、現在の学問においては「心」と「物」とが、別個バラバラに研究されていると嘆いている。だから熊楠は、まずは両者の交わる「事」の領域（事不思議）についての研究をもっと行うべきだと述べている。「心」と「物」（あるいは「自己」と「他者」）とが適度に交わる（共存する）場＝「事不思議」こそ、私たちがまず知らねばならない事柄なのである。自己が自己であるためには、非自己（他者）がなければならない。この自他の在り方（関係・場）を考えることの重要性を、熊楠は理解していた。「事不思議」という「場」があってこそ、初めて自己（心）と他者（物）は在り得る。つまり自己（心）と他者（物）とが共存する場（自他がそれぞれはっきりと「区別」を持ち、いわば正常な関係を持てる場＝「日常」）を、私たちは最初に知るべきなのである。だからこそ、熊楠は「不思議」の説明において、「心不思議」でも「物不思議」でもなく、まず「事不思議あり」と述べたのではないだろうか。

　また、熊楠によると「心」と「物」とが出会い得る場である「事不思議」という領域では、「縁」という力が働くという。「縁」とは、いわばお互いを誘発する力である。「心」が「物」を、あるいは「物」が「心」を誘発して、両者は交わり合うのである（土宜法龍宛書簡、一九〇四年八月八日、『全集』七巻参照）。

　ここまでが「事不思議」「物不思議」「心不思議」の大枠である。そしてこれらは、既存の学問方法で何とか考究可能な、いわば「可知の領域」でもある。

> これらの諸不思議は、不思議と称するものの、大いに大日如来の大不思議と異にして、法則だに立たんには、必ず人智にて知りうるものと思考す。（土宜法龍宛書簡、一九〇三年七月十八日、『全集』七巻）

「南方曼陀羅」において、その「可知の領域」は、直線と曲線が入り乱れているところに相当する。しかし、この図を注意して見ると、入り乱れる線の上部に、二本の彗星《すいせい》のような線（ヌ）（ル）があることがわかる。このうち、線（ル）を熊楠は「理不思議」と呼んでいる。

直観の領域としての「理不思議」

さてこれら、ついには可知の理の外に横たわりて、今少しく眼鏡を（この画を）広くして、いずれかにて（オ）（ワ）ごとく触れた点を求めねば、到底追蹤《ついしょう》に手がかりなきながら、（ヌ）と近いから多少の影響より、どうやらこんなものがなくてかなわぬと想わるる（ル）ごときが、一切の分かり、知りうべき性の理に対する理不思議なり。（土宜法龍宛書簡、一九〇三年七月十八日、『全集』七巻）

ここで言う、線（ヌ）とは、直線・曲線が入り乱れるところと同様、可知の領域（「事不思議」つまり「心」と「物」とが交わる場）であると思われる。そこは、（オ）（ワ）という二点をもってかろうじて接している。そして、線（ヌ）の近くにありながらも、そこからは少し離れている線（ル）が「理不思議」である。それは、「知りうべき性の理」に対するもの、客観的理性である「理論」「論理」（熊楠が言うところの「可知の理」）に相対する、直接的「推理」が働く場である。すなわち「理不思議」とは、熊楠が「どうやらこんなものがなくてかなわぬと想わるる」と述べるように、端的に「予知・想像あるいは第六感の働く場」であると言える。その領域は「物不思議」などとは異なり、曖昧《あいまい》で混沌《こんとん》としており、分析的・客観的な知では捉えきれない。それは「物不思議」を研究する物理学や、「心不思議」を探究する心理学のように、既存の学問で分析的・量的・視覚的に捉えられるものではない。

混沌とした対象を全体的に把捉《はそく》するためには、以下で熊楠が述べるように、その内部に深く入り込む（直入《じきにゅう》する）ことが必要不可欠である。そのためには、まず自己は対象（他者）に共感することが望まれる。それは単なる親近感の類ではなく、対峙《たいじ》している対象が、自己と元は一つであった片割れであると感じられるほどの、強い関心を持つことである。次に、極度の集中力（熊楠はそれを「脳力」と呼ぶ）によって対象の内部に入り込み、そして全体を包括的に捕えなければならない。例えば、熊楠は、

事物心一切至極のところを見んには、その至極のところへ直入するの外なし。（土宜法龍宛書簡、一九〇四年三月二十四日、『全集』七巻）

などと述べている。「事」「物」「心」といった、既存の学問で「分析」できる領域のさらに奥深くにある、あるいはその上位にある「理不思議」において、対象を把捉するには、そこへ

「直入」する（直接入り込む＝内在化する）しかないということである。「大不思議」が「不可知」である一方、「理不思議」は、まだかろうじて知ることができる「可知」の領域である。熊楠は、この「理不思議」にこそ「一切の分かり」が隠れていると言う。また熊楠は、私たち人間には、このような領域を知る能力があるとも言う。

全てを包み込む「大不思議」

さてすべて画にあらわれし外に何があるか、それこそ、大日、本体の大不思議なり。（土宜法龍宛書簡、一九〇三年七月十八日、『全集』七巻）

「大不思議」はこの絵図において、「ここである」というふうには描かれていない。それはこの絵図の全てなのである。それは「事」「心」「物」「理」各不思議の全てを包含するものなのである。「大不思議」、そこには区別も対立もない。全ての要素を含みつつ、「無」でもある。そこは全てが生まれ、また全てが帰還する、つまり生も死も、自己も他者も、全てを包蔵する「生命の土台（根源的な場）」なのである。

吾れ吾れ大日の原子は何《いず》れも大日の全体に則《のっと》りて、或は大に或は小に大日の形を成出するを得。是れ其作用にして即ち成仏の期望あるなり。…（中略）…吾れ吾れ何れも大日の分子なれば、雑純の別こそあれ、大日の性質の幾分を具せずといふことなし。…（中略）…これは死して直に大日の中枢に帰り得るものと見ていふなり。（土宜法龍宛書簡、一九〇二年三月二十三日、『高山寺資料』）

万物悉く大日より出、諸力悉く大日より出ること第二以下の状にて見られよ。万物みな大日に帰り得る見込あり、万物自ら知らざるなり。（土宜法龍宛書簡、一九〇二年三月二十六日〔推定〕、『高山寺資料』）

これらの言葉を見てもわかるように、熊楠の考える「根源的な場」は、やはり「大日如来の大不思議」であったと言える。私たち人間は「大不思議（大日）」から分かれ出たものである。また、私たちは「大日」の原子（構成要素）であり、また分子（分離したもの）である限りにおいて、この「大日」へ帰還することもできるのである。しかし、私たちがこの世に生きている以上、「大日」は感ずることはできても、普通、完全には知り得ることはできないものでもある。

何となれば、大日に帰して、無尽無究の大宇宙の大宇宙のまだ大宇宙を包蔵する大宇宙を、たとえば顕微鏡一台買うてだに一生見て楽しむところ尽きず、そのごとく楽しむところ尽きざればなり。（土宜法龍宛書簡、一九〇三年七月十八日、『全集』七巻）

熊楠は、「大日（大不思議）」へ帰還する方法を知っていたかのようである。彼にとっては、顕微鏡一台さえあれば、「生命そのもの」あるいは「根源的な場所」をのぞき込むことができたのだ。そこは、自己も他者も、生も死も、全てを包蔵する、いわば「自他が完全に融合した場」である。しかし熊楠といえども、あくまでそこをのぞき込むだけである（熊楠が自己を持ち、生きている限り、その中へ完全に入り込むことは不可能である）。その身は現実界と「大不思議」の「通路」＝「理不思議」に置かれていた。熊楠はそこをのぞき込み、「理不思議」において「大不思議」から流れてくる、既存の言葉では表し得ない何かを感じ、摑み取っていたに違いない。

熊楠にとっては、このような作業が無上の楽しみであるとともに、極めて危険な作業でもあった。少しでも気を抜けば、「理不思議」から出られなくなる可能性があったからだ。私たちの場合、「理不思議」という領域へ入るには、相当な集中力と持続力がいる。しかし、熊楠の場合、私たちとは逆に、常に気を張って自己を保とうとしなければ、「理不思議」から出られなくなってしまうのだ。この点が、南方熊楠という人物の、私たちと決定的に異なる点でもあった。

熊楠は、かろうじて自己を保ち、「狂人」ではなく奇人・変人にとどまることができた。それは、彼の約十五年間にわたる、アメリカとイギリスにおける遊学経験のおかげかもしれない。熊楠はこの遊学を通じて、自己を保ち守る術《すべ》を体得したのである。熊楠は遊学中、『ネイチャー』や『ノーツ・アンド・クィアリーズ』といった学術誌に、しばしば論文を投稿した。その主たる理由は「東洋固有の文化・風習を西欧人たちに知らしめるため」だったという。この目的のため、熊楠は、西欧の一流学者たちと誌上で、あるいは書簡で論戦を繰り広げた。有名なものに、オランダの東洋学者シュレーゲル（Gustav Schelegel、一八四〇～一九〇三年）との「ロスマ論争」というものがある。シュレーゲルは、東アジア関係の学術誌『通報《ツンバオ》』を主宰《しゅさい》していた。シュレーゲルが『通報』誌上で、十七世紀中国の辞書『正字通《せいじつう》』にある「落斯馬《ロスマ》」をイッカクであるとしたことに対し、熊楠は「これは誤りで、正しくはノルウェー語のロス（馬）・マル（海）に由来する海馬（セイウチ）のことである」として、シュレーゲルへ書簡を送った。この「ロスマ」をめぐるやりとりはしばらくの間続き、ついにはシュレーゲルが降参した。この熊楠とシュレーゲルとの書簡のやりとりは「ロスマ論争」と呼ばれている。この論争で熊楠は、シュレーゲルを完膚《かんぷ》なきまでに説き伏せた。このような経験を通じて、熊楠の自己は、次第に（「理不思議」から戻れるほどに）強固なものになっていったと考えられる。そのような意味で、熊楠が、当時のアメリカやイギリスの、「個」を重視する近代合理主義社会に、多少なりとも感化されたことは、彼の人生にとって、非常に重要な意味を持つものであったと言える。

大日に取りては現在あるのみ。過去、未来一切なし。人間の見様と全く反す。（土宜法龍宛書簡、一九〇三年八月八日、『全集』七巻）

熊楠がここで言う「現在」とは、「過去」も「未来」も溶け合った、まさに「今この瞬間」のことであると思われる。私たちが、当たり前のように考えている「過去→現在→未来」という流れ（時間の矢）は、あくまで現代社会に生きる人間だけのものである。自分が今生きている「現在」を知るために、人間はそれとは区別した「過去」や「未来」を作り出す。全てが溶け合う「大日（大不思議）」という「根源的な場」においては、日常的時間は存在しないのである。

熊楠による「大日（大不思議）」への言及は、私たちが至極当たり前だと考えている事柄＝常識に、疑問符を投げかける。同時に、熊楠による「大日（大不思議）」に関する言葉は、私たちに、視覚化不可能な「生命そのもの（根源的な場）」を思索するための重要な手掛りを与えてくれるものでもある。

4　「やりあて」——偶然の域を超えた発見や発明・的中

「やりあて」とは何か

熊楠が、法龍宛書簡において「理不思議」について苦心しながらも一通り説明した後、彼は続けて「やりあて」および「tact」という言葉を持ち出し、以下のように語り出す。

故にこの tact（何と訳してよいか知らず）。石きりやが長く仕事するときは、話しながら臼《うす》の目を正しく実用あるようにきるごとし。コンパスで斗《はか》り、筋ひいてきったりとて実用に立たぬものできる。熟練と訳せる人あり。しかし、それでは多年ついやせし、またはなはだ精力を労せし意に聞こゆ。実は「やりあて」（やりあてるの名詞とでも言ってよい）ということは、口筆にて伝えようにも、自分もそのことを知らぬゆえ（気がつかぬ）、何とも伝うることとならぬなり。されども、伝うることとならぬから、そのことなしとも、そのことの用なしともいいがたし。現に化学などに、硫黄と錫《すず》と合し、窒素と水素と合して、硫黄にも正反し錫にも正しく異なり、また窒素とも水素ともまるで異なる性質のもの出ること多い。窒素は無害なり、炭素は大営養品なり。しかるに、その化合物たる青素《シアン》は人をころす。酸素は火を熾《さか》んにし、水素は火にあえば強熱を発して燃える。しかるに、この二者を合してできる水は、火とははなはだ中《なか》悪きごとく、またタピオカという大滋養品は病人にははなはだよきものなるに、これを産出する植物の生《なま》の汁は人を殺す毒あるごとし。故に一度そのことを発見して後でこそ、数量が役に立つ（実は同じことをくりかえすに、前の試験と少しもたがわぬために）。が、発見ということは、予期よりもやりあての方が多いなり…（中略）…故に自然に、または卵自身の意で改良を重ねしにあらず。なんとなくやりあてて漸次堅くなりしなり。まことに針がねを渡るようなことなり。偶然といわんにも偶然にはあらず。（土宜法龍宛書簡、一九〇三年七月十八日、『全集』七巻、傍線——筆者）

「やりあて」とは、熊楠の造語である。それは端的に「偶然の域を超えた発見や発明・的中」のことである。またそれは「予知・推論あるいは第六感の働く場」において起こり得る事柄なのである。「予知・推論あるいは第六感の働く場」——、そこは、すなわち「南方曼陀羅」で言うところの「理不思議」という領域である。

熊楠が言う「予期」とは、数量（データ）に基づく「予期（予測）」である。ふとした瞬間にひらめく「予知」のことではない。ふとした瞬間にひらめき、何かを的中させることが「やりあて」である。つまり熊楠は、発見とは、データに基づく「予期」よりも、ふとした「予知」によるもののほうが多いと述べているのである。

では、いかにして「やりあて」は可能なのか。これに対する熊楠の答えは、それが明示化できない暗黙的なものであるためであろうか、判然としない。「なんとなくやりあてて……」と言いつつも、それは「偶然といわんにも偶然にはあらず」と述べている。つまり「口筆にて伝えようにも、自分もそのことを知らぬゆえ（気がつかぬ）、何とも伝うることならぬ」ものなのだ。しかしそれは、ある。熊楠は、そのことについては確信を持っていた。

「tact」

確かに、数理（データ）を応用して何かを発明したり発見したりすることはあるだろう。しかし、発明や発見はそれだけではない。「tact」によって成し遂げられることもあるのだ。熊楠が特に注目したのは、数理（データ）に基づく発明や発見ではなく、「tact」による「やりあて」であった。

近時、形以下の学大いに発達して蓄音機より、マルコニの無線電信、またX光線できる。それよりまたラジウムというて、自体に強熱を蓄え、またみずからX光線を発する原素を見出だす。次には、井の水にかかる性質のもの所々にあることを見出だす。金粟《きんぞく》【熊楠の自称】負け惜しみいうにはあらぬが、自分いろいろ植物発見などして知る。発見というは、数理を応用して、または tact にうまく行きあたりて、天地間にあるものを、あるながら、あると知るに外ならず。蟻《あり》が室内を巡歴して砂糖に行きあたり、食えるものと知るに外ならず。蟻の力にて室内になき砂糖を現出するにも、今まで毒物なりし砂糖を甘味のものに化するにもあらず。（土宜法龍宛書簡、一九〇三年七月十八日、『全集』七巻、傍線――筆者）

「やりあて」には、長い期間の経験と膨大な知識（それは頭で覚える類のものだけではなく、五感で習得するものも含む）が必要となる。長い間続けた結果、あるとき突然何かができるようになることは、私たちも日常生活において経験したことがあるはずである（野球で、黙々と毎日素振りの練習をした結果、あるとき急にヒットが打てるようになったり、勉強で、毎日の我慢強い積み重ねの結果、あるとき急に成績が伸びたりするなど）。

「tact」とは、臨機応変の才、あるいは適否を見定める鋭い感覚、美的センスのことであり、それらは往々にして熟練能でもある。しかし、実はこの「tact」は、センス（sense〔物事の微妙な感じを受けとる働き〕）でもあるため、一概に熟練能とも言い難いのだ。経験によらない、生まれ持ってのセンスである「第六感」が働いて、「やりあて」につながることもしばしばあるのだ。

「tact」は、熟練によるものだけではない。それは、多年を費やさなくても事を可能にする、生まれ持ってのセンスでもある。ただ、この「やりあて」に気付かない人は多い。単なる偶然の一言で片付けてしまうことがほとんどである。しかし熊楠は、そこにこそ私たちは注目すべきだと主張する。

これまで、熊楠に関する多くの書物の中で、「やりあて」と「tact」は同義として語られてきた。しかし、熊楠のテクストを慎重に読んでいくと、「やりあて」＝「tact」ではないことがわかる。「tact」とは「臨機応変の才」「鋭い感覚」あるいは「生まれ持っての直観」であり、特に「臨機応変の才」などは、経験の積み重ねを必要とする。一方、生まれ持っての、本能のレベルに属するセンスは、多年の積み重ねは必要としない（場合が多い）。熊楠は、この「tact」を、何と訳したらよいかわからないと言っているが、彼が「tact」の訳語に悩んだ理由は、この「tact」の背景に、相反する要素(熟練とセンス)が含まれているからかもしれない。ともかく、このような「tact」によって、「やりあて」は可能となるのだ。従って「やりあて」と「tact」は決して同義ではない。

熊楠は、柳田國男宛書簡において「tact」に関して以下のように述べている。

科学科学というが、香、味等を熱度や重力のごとく測定する方はまだまだなし。故に、香道や割烹《かっぽう》には日本の方が西洋にまさされること多し。画の具を合わすに、師匠と同じ分量を精細に計算して和合しても、師匠ほどの彩色は出ず。世間のこと数量や理窟《りくつ》のみで行けぬこと多し。…（中略）…されば数量の学識、万物に及ぼさぬ今日は tact（何と訳するか知れぬが、練熟能ともいうべきか、石切り屋がよそむきて話しながら臼の目を規則通りに角度正しく切り、何の音調の定則も譜表も持たざる芸妓《げいぎ》が、隣人のくだまく声に合わせて三線を鼓するがごときを tact という）ということ、もっとも肝心なり。東洋のことには tact まことに多し、西洋人にはこのこと少なし。（柳田國男宛書簡、一九一一年十月二十五日、『全集』八巻、傍線――筆者）

「tact」は、数量で表すことはできない。ゆえに、近代科学による方法だけでは、それを真に知ることはできない。しかし熊楠は、この「tact」を知ることこそ最も重要だと言う。また熊楠は、東洋にはこの「tact」に関する事柄が非常に多いという。いや、多いというより、西洋人より東洋人のほうが、古来「tact」に関心を示してきたと言うべきかもしれない。熊楠は、この「tact」を研究することは、当時世界を席捲《せっけん》しようとしていた西洋の近代科学に対抗するための、あるいは近代科学を乗り越えるための手段の一つになると考えていたのではないだろうか。

夢による生物の発見

しかるに予那智にありて、一朝早く起き静座しいたるに、亡父の形ありありと現じ、言語を発せずに、何となく予に宿前数町の地にナギランありと知らす。予はあまり久しく独居する時は、かかる迷想を生ずるものと思いて棄《す》て置きしに、翌朝も、翌々朝も、続けて十余回同じことあり。件《くだん》の地は宿に近けれども、予がその時までかつて近づきしこともなかりしなり。さて縁戚《えんせき》の家の手代来たりしゆえ、このことを話し、共に往《ゆ》いて右の地を探るに、ナギラン一株を得たり。その日いかに捜すも一株しかなかりしに、翌日予一人行きて十七株を得たり。その後追い追い探すに、その近傍にかれこれ四十株ばかりありしも、みな取らず、二十余本を取り、田辺と和歌山に送り栽《う》えたるに、田辺のものは追い追い減りながら今もあり。夏に及び開花するを腊葉《さくよう》【押し葉】にし、去年牧野《まきの》【富太郎《とみたろう》】氏に贈れり。その時持ち行きし友人へ牧野氏の談《はなし》には、土佐にもありとのことなり。ただし培養品か天然産かは知らず。（「田辺随筆　千里眼」、一九一一年六月十～十八日、『全集』六巻、傍線——筆者）

那智山において熊楠は、亡き父の幽霊と思《おぼ》しきものが知らせてくれた場所へ行ってナギランを発見したという。このナギランの「やりあて」は、一九〇四年三月二十四日付土宜法龍宛書簡や、一九〇四年三月三十一日付小畔四郎宛書簡、「履歴書」においても語られている。これが本当に幽霊による啓示、夢のお告げだったのか、あるいは熊楠の法螺《ほら》だったのか、はたまた読み手を意識してのパフォーマンスだったのか、それを実証することは、さしたる重要な問題ではないであろう（少なくとも筆者にとっては）。むしろ筆者が最も重要だと考えることは、熊楠が、このナギランの「発見（やりあて）」において、偶然の一言では片付けられない何かを強く感じていたことである。このような植物の発見は、彼にとっては決して単なる「偶然」ではなかったのだ。

外国にあった日も熊野におった夜も、かの死に失せたる二人【羽山繁太郎・蕃次郎】のことを片時忘れず、自分の亡父母とこの二人の姿が昼も夜も身を離れず見える。言語を発せざれど、いわゆる以心伝心でいろいろのことを暗示す。その通りの処へ往って見ると、大抵その通りの珍物を発見す。それを頼みに五、六年幽邃極まる山谷の間に僑居《きょうきょ》せり。これはいわゆる潜在識が四境のさびしきままに自在に活動して、あるいは逆行せる文字となり、あるいは物象を現じなどして、思いもうけぬ発見をなす。外国にも生物学をするものにかかる例しばしばあることは、マヤース【マイヤーズ】の変態心理書などに見えおれば、小生は別段怪しくも思わず。これを疑う人々にあうごとに、その人々の読書のみしてみずからその境に入らざるを憐笑《れんしょう》するのみ。(弄石《ろうせき》で名高かりし木内重暁《きのうちしげあき》の『雲根志《うんこんし》』を見るに、夢に大津の高観音《たかかんのん》とおぼしき辺に到りて、一骨董店に葡萄石《ぶどうせき》をつり下げたるを見、さて試みにそこに行きみしに、果たしてみすぼらしき小店に夢の通りの石をつり下げありしゆえ、買い得たりなどいうことあり。これを妄誕《もうたん》とせる人は、その人木内氏ほどそのことに熱心ならざりしか、または脳作用が異《かわ》りおるによる、と小生は思う。)(岩田準一宛書簡、一九三一年八月二十日、『全集』九巻)

熊楠は、早世した「深友」の羽山兄弟や、洋行中に亡くなった父母が、言葉ではない何かで、しばしば生物の珍種の在《あ》りかを教えてくれたという。また「石の長者」と呼ばれた日本考古学の先駆者木内石亭《せきてい》（本名重暁、一七二四〜一八〇八年）による博物学書『雲根志』には、木内が夢で見た「葡萄石（マスカットグリーンに似た淡い緑色の小粒状の結晶が、葡萄の房状に集合した鉱物）」を実際に夢と同じ場所で見つけたことが書かれているという。そして熊楠は、「このような『やりあて』を信じない者は、ただ読書のみして自ら動かない（考えない）者だ。このような体験を妄誕とする人は、熱心さが足りない。あるいは脳作用が変なのだ（脳が自分のように冴えていないからだ）」という旨の事柄を述べている。

夢による死の予知

熊楠は、「死の予知夢」をよく見たようである。他人の死を「やりあて」たと言ってもよい。例えば、以下の記述からもそれはわかる。

　終りに申す。山田妻の第四兄は昭和四年の一月八日に小生山田方を辞し田辺へ帰りしが最終の相見にて、その歳の十一月十六日早朝、小生自宅の二階に眠りおりしに、ふと目を開きみれば電燈と小生の眼のあいだに黙して立ちあり。小生は深山などに独居し、また人殺しのありし宿にとまりなどして、かようの幻像を見ることたびたびあり（年老いてははなはだ稀《まれ》なり。これは九年来酒を全く止めしによるか）、一向何とも驚かず、眼を閉じて心を静め、また開くに依然あり。かくのごとく数回して消失、小生はまた眠り候。前後より推すに午前四時ごろなりし。さて、ちょっと一眠りして午前五時に起き、かの幻像のことは洗うたごとく忘失して検鏡【顕微鏡で生物を観察すること。鏡検に同じ】にかかる。午後一時ごろ、宅地の安藤みかん（この田辺特有の大果を結ぶみかん、拙第《せってい》に大木比類なきもの三株あり、はなはだ西洋人の嗜好《しこう》に合えるみかんなり）の辺が喧《やかま》しきゆえ、走り行ってみると、長屋におる人々と小生方の下女がその木に登り果実を取り収めおる。よって今朝早く見たる幻像のことを思い出し、一木箱にそれを十九個入れ、午後二時過ぎ、山田方へ送り、その妻の第四兄へ転致せしめたり。（二月ほど前より何病と聞かず、病気にて山田方へ移り療養中と申し来たりありしなり。この人は去年妻に死なれ家に人なきゆえ、妹の夫方へ移り介抱されおりしなり。）

それより鏡検を続くるうち、午後三時四十分山田妻が出せし電報が四時に到着、ハヤマケフシキヨスノブヱ（羽山 今日 死去 信恵）、とありたり。今日死去とばかりあって何時に死去か知れず、山田方は混雑なるべしと思い打ちやりおき、山田の従兄（上に出でたるごとく、妻木《つまき》師に小生塩屋《しおや》村へ来たれりと衆中で告げた人）へ問い状を出せしに、十六日の午後○時三十分、先日小生が一度忘れありし幻像を思い出して家人が取りいたる蜜柑《みかん》十九個を荷作りして差し出すべく指揮したる時死去せしなり。

　故に変態心理学者がよくいうごとき幻像wraith《レース》…（中略）…はその人臨終に現わるるものならず。臨終には自分の生命さえとり留め得ぬに、いかにして他処《よそ》まで推参するの力あらんや。人のまさに死なんとする前に、もはや覚悟をきわめて、平生や旧時の交友などのことを静思する。その際その思いが池に石を抛《な》げて渦紋《かもん》を生ずるごとく四方へ弘がり、もはや遠くひろがりて影を留めざるに至り、そこに受動に適せる葦《あし》の一本もあらんか、一旦《いったん》ほとんど消滅せる渦紋がまたそれによって強く現出するごとく、かかる力を受くるに適せる脳の持ち主に達してたちまち現出することかと存じ候。ラジオに似たることなり。ただし、たびたび人つねに見るを得るものならねば、この上多くの実験を要し、また不偏頗《ふへんぱ》なる、その即座の記載を要す。小生はかかることを少しも信ずるものにあらず。しかし、研究材料としてかかるものを見るごとに記録しおくなり。（岩田準一宛書簡、一九三一年八月二十日、『全集』九巻、傍線――筆者）

　羽山家には六人の男子がいたが、四男芳樹《よしき》を除いて、みな結核で早世している。熊楠は、この日の明け方、芳樹の「（熊楠が定義するところの）幽霊」を見ている。芳樹は畳の上に黙して直立していた。眼を閉じ、精神を鎮めて、再び眼を開けても、やはり芳樹が見えた。熊楠は、数回同じように眼を開閉したが、やはり芳樹の姿が見えたという。そしてふっと消えた。昼になり、芳樹は確か病を患っていたので、熊楠は、お見舞いに安藤みかんを送ろうと準備をしていた。その最中、芳樹の死亡の由を伝える電報が届いたのだ。熊楠は、芳樹が死亡した時間を、芳樹の親戚に調べさせている。芳樹は「十一月十六日午後〇時三十分」に死去したとのことであった。それは、熊楠が安藤みかんを芳樹へ送るべく、箱に詰めていたときであった。芳樹は息を引き取るおよそ六時間前に、熊楠の枕元に現れたのだった。熊楠とは縁の深い羽山家のことだからであろうか、この出来事に関する熊楠の記述は非常に詳細である。

また、熊楠は次のような考察も付け加えている。人がまさに死のうとするとき、その人は覚悟を決めて、日頃のことや昔の交友のことなどを思い出す。その際の強い思いは、池に石を投げたとき渦紋が生ずるように、あるいはラジオの電波が四方八方に発信されるように広がるという。しかし熊楠は、それを受信できるのは、そのような力を受けるに適した脳の持ち主だけだと言う。そのようなセンスの持ち主だけが、その人の死を事前に知る（「やりあて」る）ことができるのである。熊楠にはそのセンスがあった。

以上見てきた、熊楠による「やりあて」は、決していわゆる「熊楠伝説」を助長するものではない。ロンドン時代には馬鹿にさえしていたこのような神秘的な事柄に、帰国後（特に那智隠栖期以降）、痛烈に感銘を受け、堂々と語るようになった、その極端な在り方が、南方熊楠という人物の実像を知る上で重要なのである。

最後に、熊楠による「死の予知」に関して、娘の文枝は、小説家の神坂次郎との対談において、大変興味深い出来事を述べているので、紹介しておきたい。

神坂　近しい人が亡くなるときは、予知的な幻視でぴたりとそれを当てられたそうですね。

文枝「ゆうべ風の玉が入ってきて、書斎を突き抜けて西へ行った」と言って……。そしたら必ず、訃報が届くんです。不思議でした。そういうことは他にもいろいろありました。

（南方文枝・神坂次郎「父 熊楠の素顔」）

この「風の玉」の話については、筆者は「日記」では該当する記述を、今のところまだ見つけていない。それにしても、文枝が「そういうことは他にもいろいろありました」と述べているように、熊楠の「死の予知」はしばしばあったようだ。今後、翻刻されるであろう熊楠の「日記」の中に、この「風の玉」の話が出てくるかもしれない。

第二曼陀羅

前述した「事不思議」「物不思議」「心不思議」「理不思議」「大不思議」から成る、「南方曼陀羅」（一九〇三年七月十八日）の構造は非常に複雑である。実は、熊楠はこれらのエレメントに、さらに二つの要素を付け加えようとするのである。それは「名」と「印」である。熊楠は、この図を示し、以下のようなことを述べている。

胎蔵界《たいぞうかい》大日中に金剛《こんごう》大日あり。その一部心が大日滅心（金剛大日中、心を去りし部分）の作用により物を生ず。物心相反応動作して事を生ず。事また力《(力)》の応作によりて名として伝わる。…（中略）…事が絶えながら（事は物と心とに異なり、止めば断《た》ゆるものなり）、胎蔵大日中に名としてのこるなり。これを心に映して生ずるが印なり。故に今日西洋の科学哲学等にて何とも解釈のしようなき宗旨《クリード》、言語《ランゲージ》、習慣《ハビット》、遺伝《ヘレジチー》、伝説《トラジシヨン》等は、真言でこれを実在と証する、すなわち名なり。（土宜法龍宛書簡、一九〇三年八月八日、『全集』七巻）

これは、一九〇三年七月十八日付土宣法龍宛書簡に記された「南方曼陀羅」からわずか二十日後に書かれており、明らかに「南方曼陀羅」を発展させようとした意図がうかがえる。また、先述したように、六月七日の時点でも熊楠は、

わが曼陀羅に名と印とを心・物・事（前年パリにありしとき申し上げたり）と同じく実在とせることにつき……（土宜法龍宛書簡、一九〇三年六月七日、『全集』七巻）

と述べている。熊楠としては、この「名」と「印」とを加えたものこそが、自身の「曼陀羅」の完成形と考えていたのかもしれない。また、八月八日の図には、金剛界（智慧《ちえ》を象徴す

る世界）と胎蔵界（慈悲を象徴する世界）が描かれており、七月十八日の「南方曼陀羅」より、よほど形式的な曼陀羅の様式を備えている。

それにしても、「名」と「印」に関する前記書簡の内容は、非常に難解である。筆者としては、熊楠は「名」と「印」について述べる前に、立ち止まってもう少し「理不思議」や「大不思議」について詳述すべきだったのではと思うのだが、熊楠の脳はこのとき、「灼然《しゃくぜん》として上進」し、とどめることはできなかった。

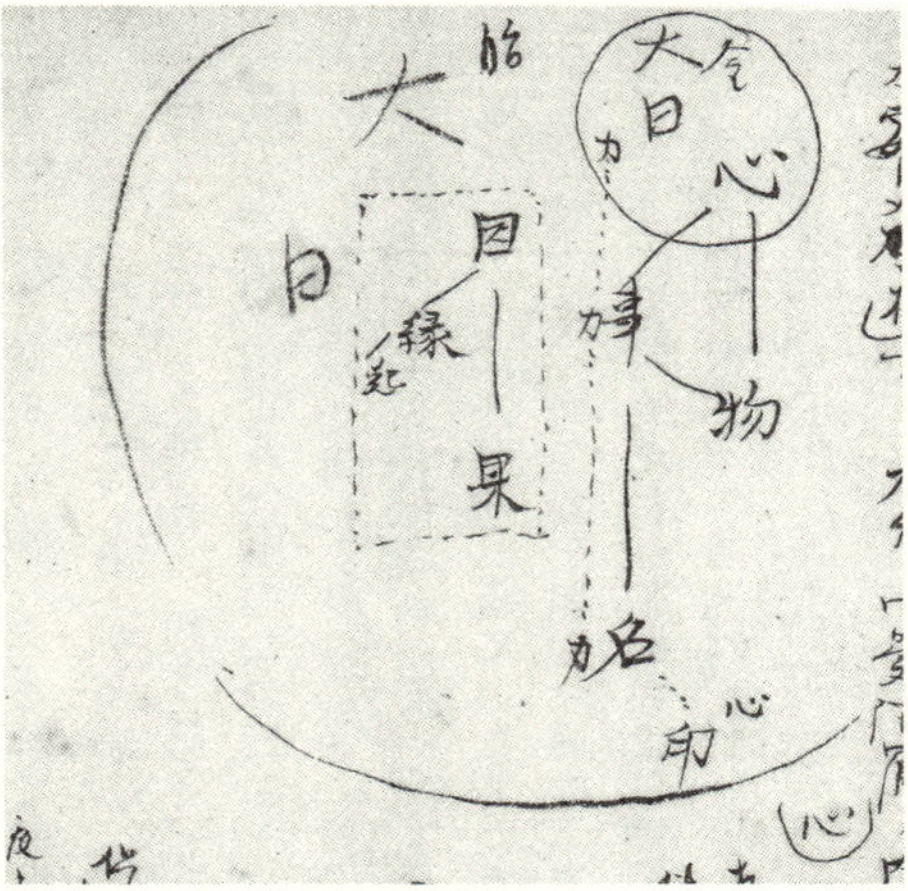

「第二曼陀羅」（土宜法龍宛書簡，1903年８月８日）
写真提供：南方熊楠顕彰館

「名」と「印」は、確かに言語・記号や神話に関する重要な示唆を含んでいる。しかし、その説明において、熊楠はあまりにも言葉足らずである。

熊楠によると「名」とは、どうやらまだ言葉にはできないような、記号的なものらしい。だが、宗旨・習慣・遺伝はともかく、言語・伝説は、すでに言語化されている（言葉になっている）のではないかと思われる。しかし、注意してほしい。熊楠は、あえてこれらの語にルビを振っているのである。つまり、ここで熊楠が言う「言語」（language）とは、いわば個々人の言語活動をその基盤で支えているもの（言語学におけるいわゆる「ラング」）であり、「伝説」（tradition）とは、言葉として残された「myth」ではなく、神話などとして言語化される以前の因習やしきたりのようなものなのである（tradition とは多くの場合「伝説」よりも「慣習」や「しきたり」という意味で用いられる）。そして「印」とは、「名」が数多く集まった結果、より具体的に映像化・イメージ化されたものだと言える。「名」が具体化され心に描かれたもの、そして、多くの人々に共有されるにいたったもの、それが「印」なのである。

この「名」と「印」とを加えた通称「第二曼陀羅」は、実に複雑怪奇である。しかし熊楠がここで、全てを包み込む「胎蔵界大日」から「心」と「物」とが生じるという過程を描こうとした点は、理解できる。熊楠は、胎蔵界のうちにある金剛界の一部に「大日滅心《めっしん》」の作用、つまり亀裂が生じ、「心」と同時に「物」が生じると言うのである。熊楠は「大日滅心」と言い、ほとんど説明をしていないこの「力」、この全てを包み込む根源的な場を分裂させる否定力（一撃）は、なぜ生じるのか、そして何処から生じるのか——これは哲学においても（おそらく神学においても）最大の問題なのである。筆者自身にも、まだその答えはわからない。

第5章　那智山を下りる熊楠——田辺時代①

1　神社合祀反対運動

那智山から田辺へ

一九〇四年十月十日、熊楠は那智での生活を切り上げ、田辺町へ到着した。田辺には、中学時代からの友人喜多幅武三郎《きたはばたけさぶろう》（一八六八〜一九四一年、医師）が住んでおり、以前熊楠は、彼を訪ねたことがあった（一九〇二年五月）。

それにしても、熊楠はなぜ、那智山を下りたのか。それはしばしば、植物調査が完了したためと言われている。ロンドンからの帰国直後、熊楠は、菌：二〇〇〇、藻：五〇〇などと植物採集の目標を立てており、実際那智山を下りる頃（一九〇四年九月三十日、十月一日）には、その目標を上回っている（菌：二五三三、淡水藻：五四一、海藻：三一一）。しかし本当に、植物調査が完了した、つまり、所期の目標が達成された、ただその理由だけで熊楠は下山したのであろうか。熊楠は、山を下り田辺へ来た理由を以下のように述べている。

那智山に籠《こも》ること二年ばかり、その間は多くは全く人を避けて言語せず、昼も夜も山谷を分かちて動植物を集め…（中略）…那智山にそう長く留まることもならず、またワラス氏も言えるごとく変態心理《サイキアトリ》の自分研究ははなはだ危険なるものにて、この上続くればキ印《じるし》になりきること受け合いという場合に立ち至り、人々の勧めもあり、終《つい》にこの田辺に来たり……（以下略）（「田辺随筆　千里眼」、『全集』六巻）

那智山隠栖の後期（一九〇四年頃）、熊楠の精神は、極限状態にあった。そして、幽体離脱や夢遊病的症状など「精神変態」をたびたび起こしていたことはすでに述べた。熊楠が、心霊研究者マイヤーズの『ヒューマン・パーソナリティ』を読みふけり、「変態心理」の研究に関心を向けたのも、当時の彼の精神状態からすれば、特に不思議なことではなかった。しかし、熊楠が那智山で、これ以上研究を続けることは、「キ印」つまり「狂人」になることを意味した。「変態心理」の研究を、自分の「精神変態」を材料にして続けることはかなり危険であった。また熊楠は、孤独に生物の採集・観察を続けていくうちに、研究対象である生物と自己との境界が不鮮明になり、自分の存在が薄れていくのを感じていた。例えば、以下の熊楠の言葉を見てみよう。

一九〇四年三月二十四日
獣畜、言詞、心なけれども生物のこと分る。科学者はこれを人間に分らぬといふのみ。乃ち霊妙也。(『日記』二巻)

ここで熊楠は「普通の科学者には理解できないかもしれないが、自分には言葉を持たない生物のことでもわかる」と言っている。これは要するに、熊楠が獣畜つまり人間以外の森の生命体と、交感していたということであろう。それは、非言語的なコミュニケーションである。人間と他の生物との間にある壁(いわゆる理性あるいは悟性)が取り払われたとき、それは可能になる。このようなことができたのは、熊楠と他の生物もしくは自然そのものとの境界が不鮮明になっていたからであると考えられる。

これ以上那智山にとどまれば、熊楠と他者(他の生物あるいは自然そのもの)との境界は完全に溶解してしまい、元の自己へ戻る(人に戻る)ことができなくなるのではないかという不安が熊楠を襲ったのではないだろうか。熊楠が下山した真の理由は、植物採集が完了したためという単純なものではなく、自分が同化し、溶け込みそうになっていた生物あるいは森全体から再び分離し、自我を保つためだったと思われる。

結婚と子育て

那智山を下りた熊楠は最初、地元の素封家で林業を営んでいた多屋《たや》家に世話になった。当主の多屋寿平次《じゅへいじ》（一八四三？〜一九〇四年）は、熊楠の父の知人であった。多屋家の家作《かさく》を借り、熊楠は一年九か月の間過ごした。熊楠と多屋家の次男鉄次郎、四男勝次郎とは、よき飲み友達であった（また熊楠は、多屋家四姉妹の次女たかとも親しく、どうやら恋人と噂されたこともあったようだ）。鉄次郎と勝次郎は、時に熊楠の採集行もともにしたようだ。この頃の熊楠は、毎日のように痛飲している。酔った挙句の暴力沙汰もよくあった。

このような熊楠の様子を見て、旧友の喜多幅は、熊楠に妻帯させて彼を落ち着かせようとした。そして、熊楠は喜多幅の紹介で、田辺闘鶏《とうけい》神社宮司の娘田村松枝《まつえ》（一八七九〜一九五五年）と結婚することになった（一九〇六年七月挙式、翌年二月入籍）。時に熊楠数え四十歳、一方松枝は数え二十八歳であった。当時としてはかなり晩婚だった。熊楠は、以下のように振り返る。

小生四十歳、妻は二十八歳、いずれもその歳まで女と男を知らざりしなり。（「履歴書」、『全集』七巻）

翌年には長男熊弥《くまや》が生まれる（一九〇七年六月二十四日）。この頃の日記には、熊弥のことばかりが記されており、まるで「育児日記」のようである。

一九〇七年八月四日〔月〕

此朝、小児【熊弥】予の顔みて多く笑ふ。又、エー、クーンなどゝ語り始る。（『日記』三巻）

一九〇七年九月十日〔火〕

チヨコ六【熊弥】、一昨々日より予の発明にて布を眼の上にきせかくれんぼうするに喜ぶ様なりしが、今夜松枝及予見る前にて布を眼の上におくに、自らつかみとり去り又眼の上に自らおくこと数回して悦《よろこ》ぶ。（『日記』三巻）

ここには、よき父熊楠と、幸せな家庭生活が見られる。もちろん、時にはひどい夫婦喧嘩をし、松枝が数か月間、実家に帰ってしまうということもあったようだが。

それにしても、熊楠の妻となった松枝の苦労はどれほどのものであっただろう。結婚当初は、よかれと思って庭掃除をしただけで、熊楠に「観察中の粘菌が姿を消した」と叱《しか》られる始末だった。また松枝は、熊楠の研究中は、邪魔にならないようにと、生まれたばかりの子を連れて外出していることもあった。しかし、後には熊楠の菌類採集を手伝い、彼をして、

本邦で婦人の植物発見の最も多きはこの者ならん。（「履歴書」、『全集』七巻）

とまで言わしめるほどであった。熊楠の死後は、その蔵書や遺稿、遺品を買いたいという者が多々訪れたが、「いつの日か日の目を拝む事もあろう」と、頑《かたく》なに断り、それらの散逸を防いだ。松枝の死後、その意志は娘文枝に受け継がれた（熊楠の家族と日々の暮らしについては、第６章第２節参照）。

神社合祀反対運動――その根底にあったもの

田辺に暮らしはじめた熊楠は、相変わらず定職には就いていなかった。しかし、植物採集はかなり熱心に行っていた。そのような折、近所にあった糸田猿神祠《いとだ さるがみ し》の合祀《ごうし》および鎮守の森の伐採が決定される（一九〇七年四月）。政府による神社合祀政策を受けてのことであった。神社合祀政策――これはごく簡単に言えば、明治時代に政府が、近代化を推し進めていく過程で行われた政令・政策の一つであった。一九〇六年十二月、第一次西園寺公望《さいおんじ きんもち》内閣は、神社合祀政策を全国に励行した。これは次の桂太郎《かつら た ろう》内閣にも引き継がれた。それは、各地にある多くの神社を合祀して「一町村一神社を標準とせよ」というものであった。それはいわば、神道国教化政策の一環でもあった。つまりそこには、伊勢神宮と宮中祭祀を頂点に、整然とヒエラルキーを作り上げ、神道をもって国民のイデオロギーの統一をはかろうとする目的があった。そして、特に熱心にこの政策を行ったのが、熊楠の住む和歌山県と伊勢神宮のお膝元である三重県であった。この政策によって、一九一四年までに、全国に約二十万社あった神社のうち、七万社が取り壊された。三重県においては驚くべきことに、県下全社のおよそ九割が廃される結果になったという。

糸田猿神祠は熊楠にとって、記念すべき場所であった。熊楠は一九〇六年、この神社のタブノキの倒木で粘菌（アオウツボホコリ）を発見している。熊楠はその生涯において十種の粘菌の新種を発見しているが（二二七頁参照）、これがその最初だった。熊楠による神社合祀反対運動の発端は、この猿神祠の合祀への怒りであった。

熊楠は糸田猿神祠の悲劇を、イギリスの粘菌学の権威であったグリエルマ・リスター（Gulielma Lister、一八六〇～一九四九年）へ報告している。熊楠はグリエルマにも、その父でやはり粘菌研究者であったアーサー（Arthur Lister、一八三〇～一九〇八年）にも直接会ったことはなかった。しかし、熊楠はしばしば粘菌の標本とその採集情報・観察記録を送り、リスター父娘は、それらを綿密に検討してくれていた。リスター父娘と熊楠の関係は、約二十年も続いた。

以下に見る書簡で熊楠は、西欧が生み出した「近代の進化」＝帝国主義・植民地経済政策などが、日本人から美的感覚のみならず、愛国心までも奪いかねないと主張している。

こうした野蛮な行為は、この国では近年日常的におこなわれており、やがて日本人の美的感覚だけでなく、愛国的な感覚をも壊し、あともどりできないところに追い込むことになるでしょう。わたしはラスキンやカーライルと共に、近代の進化が本当の意味で人間に恩恵をもたらすものかどうか疑っています。（グリエルマ・リスター宛書簡、一九〇九年二月十九日、山本幸憲編『南方熊楠・リスター往復書簡』）

これに対するグリエルマの返事は、以下のようなものであった。

とどまることをしらない糸田猿神祠の貴重な杜《もり》の伐採とその風景の破壊を、残念に思う気持ちはあなたと共にあります。朽ちたタブノキはわれわれにとってよき友でした。しかし、国家とはとどまることをしらないものです。わたしは、「進化」のためにこのような大きな代償を払わなければならないならとても悲しいと思います。（グリエルマ・リスターから熊楠へ宛てた書簡、一九〇九年五月二十六日、山本幸憲編『南方熊楠・リスター往復書簡』）

G.　リスター
写真提供：南方熊楠顕彰館

この返信を受け取ったとき、熊楠は自分の（これから本格的に行おうとしている）神社合祀反対運動は、世界的な問題として取り上げられるべき重要な事柄だと確信したことであろう。この返信を受け取った四か月後に、熊楠は地元新聞『牟婁新報《むろしんぽう》』に、初めて神社合祀に反対する意見を掲載した。その後、同紙に論陣をはり、反対運動を本格化させていく。熊楠は、神社合祀を田辺という日本の一地域の些細《ささい》な出来事などとは考えていなかった。これは、世界へ訴えかけるべき重要な問題であると思っていた。

神社を取り壊すこと、それはすなわちその周りの樹木（鎮守の森あるいは御神体である巨木など）も伐り払うことである。古来、神林として大切にされてきた樹木はなぎ倒され、業者に売られた。地方役人たちにとって、自分たちが神社を取り壊し合祀することは、単に「点数かせぎ」のようなものであった。神林がなくなることで、そこに棲《す》む貴重な生物は死に絶え、しまいには人間の農業や漁業にも影響を及ぼす。このような事柄を、官吏たちは全く考えていなかったのである。

熊楠は、自然の風景・生態系は「曼陀羅」のように複雑に、そして絶妙なバランスで成り立っており、ひと時の利益のためにそれを破壊してはならない、と強く主張した。

定家卿《ていか》なりしか俊成卿《しゅんぜい》なりしか忘れたり、和歌はわが国の曼陀羅なりと言いしとか。小生思うに、わが国特有の天然風景はわが国の曼陀羅ならん。（白井光太郎《しらいみつたろう》宛書簡、一九一二

年二月九日、「神社合祀に関する意見」原稿、『全集』七巻）

このように、今からおよそ百年前に、すでに「エコロジー」の基本概念を理解し、それを実践に移した熊楠には、やはり先見性があった。当時はまさに、近代合理主義が日本だけでなく世界を席捲しようとしていた時代であった。彼は、それに真っ向から立ち向かった人物だったと言える。

御承知ごとく、殖産用に栽培せる森林と異《かわ》り、千百年来斧斤《ふきん》を入れざりし神林は、諸草木相互の関係はなはだ密接錯雑《さくざつ》致し、近ごろはエコロギーと申し、この相互の関係を研究する特種専門の学問さえ出で来たりおることに御座候。しかるを、今無智私慾の徒が、単に伐採既得権云々を口実とし、是非に、かかる希覯《きこう》の神林を、一部分なりとも伐り去らんとするは、内外学者に取りても、史蹟名地のためにも、はなはだ惜しまるることに有之。
（川村竹治《かわむらたけじ》宛書簡、一九一一年十一月十九日、『全集』七巻）

お互いがお互いに複雑に関わりあって生きている、これこそまさに本来の、つまり「生態学」としての「エコロジー」の基本概念であり、熊楠はそれを十分理解していた（熊楠は、日本において最初期に「エコロジー」という語を用いた人物である）。頭ではもちろんのこと、身体全体で実感していたと言ってよいだろう。それはむしろ、感得と言うべきであろうか。彼の自然・生物に対する観察行為の特徴は、対象に入り込み、その内側から見る、というものであった。

神社合祀反対運動のスローガン

熊楠は、この反対運動を行うにあたり、以下の八つの「スローガン」を掲げた。この八つは他の書簡・論考でも何度か語られているが、以下にはそのなかでも最も簡潔なものを挙げておく。

神社合祀は、第一に敬神思想を薄うし、第二、民の和融を妨げ、第三、地方の凋落《ちょうらく》を来たし、第四、人情風俗を害し、第五、愛郷心と愛国心を減じ、第六、治安、民利を損じ、第七、史蹟、古伝を亡ぼし、第八、学術上貴重の天然紀念物を滅却す。（白井光太郎宛書簡、一九一二年二月九日、「神社合祀に関する意見」原稿、『全集』七巻）

ここで意見されているのは主に、神社合祀によって産土《うぶすな》社および神林を失われた人々の宗教心（敬神思想）の衰え、それによる連帯感（民の和融）の妨げ、また神社を中心に成り立っていた地域コミュニティの衰退（地方の凋落）、それに伴う人々の道徳心（人情風俗）、愛郷心と愛国心の喪失、さらには治安の悪化、また行事儀式、祭りなどの衰退に伴う経済効果（民利）の衰え、史蹟・古伝・名勝風景の喪失や学術上珍奇な動植物が絶滅することへの危惧などである。

また熊楠は、森林（鎮守の森）の消滅により、そこに棲む鳥類を絶滅させ、結果、害虫が増え、農作物に害を与えることや、海辺の樹木を伐採することで木陰がなくなり、魚が海辺に寄り付かず、漁民が困窮することなども心配していた。熊楠は、

今のごとく神林伐り尽されては、たとい合祀のため田畑少々開けて有税地多くなり、国庫の収入増加すとも、一方には鳥獣絶滅のため害虫の繁殖非常にて、ために要する駆虫費は田畑の収入で足らざるに至らん。（白井光太郎宛書簡、一九一二年二月九日、「神社合祀に関する意見」原稿、『全集』七巻）

と述べ、鳥類等が害虫駆除に役立っていることなどを説明している。

熊楠は、鎮守の森が破壊されることによって、自然界の微妙かつ絶妙な生態バランスが崩れるという問題はもちろんのこと、人間性の崩壊や、その周りの住民と文化との関係、いわゆる「社会生態系」の問題をあわせて取り上げた。それらを一つの関連した全体として捉えたのだ。

鶴見和子は、

「林中裸像」(1910年1月28日)
写真提供:南方熊楠顕彰館

南方は、地域の植物生態系と関連しながら、そこに生活する住民をふくめた、社会生態系という考えを、すでに持っていたもののようである。かれは、植物の生態系を破壊することに反対すると同時に、各小地域ごとの社会生態系を、権力による強制合併によって乱すことに反対した。(『南方熊楠』)

と述べている。つまり熊楠は、植物同様、人間社会も複雑なバランスで成り立っており、またその人間社会は、植物生態系とも深く関連していることを十分に理解していたということである。

熊楠は、自然の神秘・驚異・美しさ・知恵あるいは言語化不可能な感覚を、五感全てで感じ取っていた。例えば「林中裸像」と呼ばれる、熊楠が大木の横で、腰巻一つで腕組みをして写っている写真が残っている。この写真は現在、熊楠の象徴的な姿を表すものとして、さまざまな書籍や資料で用いられている。そこからは、彼が森中において、身体全体でさまざまな情報を敏感に得ていた様子を見てとることができる。いわば身体全体が、森と交流する媒体そのものになっていたのだ。そのときの状態は、言語化不可能であり、まさに物我一如《ぶつがいちにょ》である。熊楠は、例えばそれを以下のように表現している。

プラトンは、…（中略）…秘密儀 mystery を讃して秘密儀なるかな、秘密儀なるかな、といえり。秘密とてむりに物をかくすということにあらざるべく、すなわち何の教にも顕密の二事ありて、言語文章論議もて言いあらわし伝え化し得ぬところを、在来の威儀によって不言不筆、たちまちにして頭から足の底まで感化忘るる能わざらしむるものをいいしなるべし。（松村任三《まつむらじんぞう》宛書簡、一九一一年八月二十九日、『全集』七巻）

この文章は、神社合祀反対運動の際、柳田國男によって『南方二書《みなかたにしょ》』として識者に配布されることになるものの一部抜粋である。彼の神社合祀反対の主張の根底には、このような感覚、つまり熊楠自身が、神林に内在化し、自然と一体になり、そこから言語化不可能な「何か」を身体全体で受け取っているという感覚が常にあった。

『南方二書』とは、熊楠が、東京帝国大学で植物学の教授をしていた松村任三（一八五六～一九二八年）に宛てた書簡である。端的に、神社合祀に対する反対意見書である。熊楠は、柳田國男に勧められる形でこの意見書を記した。柳田は、これが松村ひとりの目にだけ触れて終わるのは惜しいと思い、一九一一年十一月、冊子として五十部作成し、識者に配布したのである。

反対運動が、なかなかうまく進まなかったとき、熊楠は、友人のロンドン大学事務総長ディキンズに手紙を書き、このことを訴え、外国の世論を喚起しようとさえした。しかし、植物病理学者の白井光太郎（一八六三〜一九三二年）に絶交を迫られ、柳田國男に強く批判されて、これを思いとどまった。白井や柳田は、日本の恥を外国へさらすべきではないと考えていたのである。一方、熊楠はこのようにも述べている。

小生が外国学者がわが政府へ勧告書を出すを望むも、今日はとまれ後日にならば何のこともなく思う人も多かりなん。（柳田國男宛書簡、一九一一年十二月十四日、『全集』八巻）

熊楠は、グリエルマ・リスターに意見を求めたように、そしてディキンズを通して海外の世論を喚起しようとしたように、神社合祀という暴挙を、国境を越えた方法によってくい止めようとしたのだ。つまり熊楠は、地域を「民際交流」（鶴見和子『南方熊楠』）によって救おうとしたのである。近い将来、自分のような発想や方法が当たり前になる日が来ることを、熊楠は明らかに予見していた。

また熊楠は、田辺町およびその近隣地域を綿密に実地調査している。つまり熊楠は、神社合祀という問題に対して、グローバルかつローカルに考え行動したのである。一言で言えば、熊楠は国家の枠を超えた「グローカリスト」（グローバルとローカルの連動による、それらの乗り越えを目指す者）であったと言うことができるかもしれない。このように、熊楠は、当時世界でも稀有な資質を持つ人間だった。

根源的な場としての鎮守の森、そして神島

熊楠による神社合祀反対の主張の根底にあったもの、それは熊楠個人にとっての記念碑でもある糸田猿神祠の合祀への怒りと落胆、そして何よりも、鎮守の森からの「言語文章論議もて言いあらわし伝え化し得ぬ」（松村任三宛書簡、一九一一年八月二十九日、『全集』七巻）ような強烈な感覚であった。熊楠は、この鎮守の森という自然そのもの、あるいは根源的な場からの力を、特に敏感に感受することができた。

いや、熊楠だけではない。古来、日本人はこのような力を感受することを得意としてきたはずである。我々日本人の先祖は、森の中の土や滝、泉に深い畏怖の念とともに感謝の念を抱いてきた。なぜなら、それらは森の多様な生命を生み出し育《はぐく》む源だったからである。また、それは同時に、我々がそれらに生命の根源を見出していたことを意味する。このようなアニミズムは、神道（正確には、天皇を頂点と見なす国家神道とは異なる、原神道）の大きな特性である。西

欧近代化の大波の中、日本人はこの感覚を忘れかけてしまっていた。熊楠は、そこに警鐘《けいしょう》を鳴らしたのだ。それは、彼が特に鋭敏な感受性を持ち、また那智山（熊野那智大社の鎮守の森）というエネルギー交換所で、ふんだんに根源的な場からの力を感受していたことと決して無関係ではないであろう。

動物的生命の象徴である「熊」と、植物的生命の象徴である「楠」とをその名前に持つ熊楠にとって（当然、我々一人ひとりにとってもそうなのだが、熊楠にとっては特に）、森とはまさに根源的な場とでも言うべきものであった。熊楠は、自身の名前に非常に愛着を持っており、論考などで取り上げることもあった。また、「楠を見るたびになぜか独特な感じを受ける」ということを述べたりもしている（第1章第1節参照）。森は、熊楠を包み込む、まさに根源的な場であった。

最初は孤軍奮闘であった、熊楠による神社合祀反対運動は、徐々に広まり、知識人・官僚等を動かすようになる。結果、一九一八年三月、貴族院で神社合祀政策は廃止が決定され、一応の収束をみた。しかし、その傷跡はあまりにも大きかった。この暴挙が終了するまでには、おびただしい数の神社（鎮守の森）が破壊された。特に大山《おおやま》神社という熊楠の祖先の産土社が合祀されたことは、熊楠にとって大変ショックな出来事であった。熊楠は、親戚の古田幸吉《ふるたこうきち》（一八七九～一九五一年、熊楠の従弟）と協力して、何とかここを守ろうと奔走した。大山神社は、熊楠の父弥兵衛の生まれた日高郡入野《にゅうの》村（現日高川町入野）にあった。この神社が合祀されてしまうことを、熊楠は古田から聞き、激昂《げっこう》した。熊楠と古田は何度も書簡をやりとりし、お互い何とかこの合祀を避ける方法はないか模索しつづけた。しかし、その努力もむなしく、結局、一九一三年十月十一日に大山神社は、同村の土生八幡《はぶはちまん》神社に合祀されてしまった。

大山神社合祀数日後の日記には、古田が熊楠に対して、同社が合祀されたことに対する遺憾の言葉を述べる夢まで見ている。

一九一三年十月十三日［月］
夜松枝そばに臥し居る内、夢に古田幸吉来り、大山神社合祀遺憾の由いふ。それより山路《やまじ》辺へ之《ゆき》、松枝と臥す内、松枝おそはれるを八度斗りおこす。八度目に声きこえ、松枝予をつきおこす。予眼さめ見れば、胸と腹の間に左手おきあり。自分おそはるゝを人おそはるゝと夢見し也。（『日記』四巻）

ここからも、熊楠の相当な落胆ぶりわかる。

数多くの神社が合祀されてしまったが、守ることができたものもあった。その一つが、神島《かしま》（和歌山県田辺湾）である。「おやま」と「こやま」という二島からなる、わずか三ヘクタール弱の小島である。そこは古来、海上鎮護の島とされてきた。近隣の漁民たちからは、多くの魚が寄り付くとされる「魚付林《うおつきりん》」として、島の自然は大事にされてきた。特に「おやま」の森は、ほとんど人の手が入っていない原生林を残していた。

しかし、一九一〇年十一月、この島の樹木を伐採するという計画が持ち上がる。熊楠は、この神島を守るため、『牟婁新報』の主筆・社長であった毛利清雅《もうりせいが》（号紫庵《しあん》、一八七一～一九三八年）と協力して、紙面を中心に反対運動を行った。そして、いかにこの島が植物生態上重要なところであるか、またこの島の下草から樹木にいたるまで、どれほどうまく連関して生息しているかを訴えた。熊楠たちの努力によって、神島は守られた。しかし、神島の弁天社は新庄《しんじょう》村の大潟《おおがた》神社へ合祀されてしまった。守ることができたのは、神島の自然であった。社の合祀後、島の自然（鎮守の森）の伐採が始まったが、熊楠は村長を説得、保存に努めた。島は照葉樹林で覆われ、そこには南方系のハカマカズラ（ワンジュ）やキノクニスゲなど、珍しい植物が多々見られる。熊楠たちによる運動後の、一九三六年九月三日、神島は史蹟名勝天然記念物に指定された。

神島空撮
写真提供：南方熊楠顕彰館

また二〇〇四年には、熊野古道を含む「紀伊山地の霊場と参詣道」が、世界文化遺産に認定されたが、特に田辺から本宮へのメインルートである中辺路《なかへち》は、熊楠の活躍がなければ登録されていなかった可能性が高かったとさえ言われている。中辺路には、継桜《つぎざくら》王子社の境内に、有名な「野中《のなか》の一方杉《いっぽうすぎ》」と呼ばれる巨杉群（樹齢八百年以上、九本のうち最大のものは、樹高約三十二メートル、幹周りは約八メートルもある）がある。不思議なことに、これらの巨杉はみな同じように、南にある熊野那智大社を慕うように枝を伸ばしている。この巨杉群や継桜王子社の由緒などは、先述した『南方二書』によって識者に知られるところとなった。そして熊楠は、東京帝国大学教授白井光太郎に協力を仰ぎ、和歌山県知事に嘆願書を書いてもらっている。しかし「野中の一方杉」の伐採計画を、全面的な中止に追い込むことはできず、巨杉九本を残して、杉や檜《ひのき》など三十本以上が伐られてしまった。熊楠は、協力してくれた白井に申し訳ないと、自ら剃髪《ていはつ》した（頭を丸めて詫《わ》びを入れた）。だが、わずか九本とはいえ、「野中の一方杉」として、何とかその古態をとどめることができたことは、熊楠の大きな功績であり、評価に値する。

2　粘菌という中間生物

獄内で発見した粘菌

神社合祀反対運動の折、熊楠は、「家宅侵入罪」で十八日間、投獄されている（一九一〇年八月二十二日午後四時に拘引、翌二十三日入監）。和歌山県主催の夏季講習会に参加していた、神社合祀推進派の県吏《けんり》に直接会うために、熊楠は会場へ乱入、大声を出して、持参していた菌類標本入りの信玄袋を投げつけるなどの暴行におよんだのである。このとき熊楠は、酒を飲み酔っ払っていた。

しかし捕まっても、ただでは終わらないのが熊楠という人間である。彼は入牢中、獄内でステモニチス・フスカという粘菌の原形体を発見している。

獄内にて歩行中、従来ステモニチス・フスカなる粘菌の原形体は、白色と定めおりたるに、深紅のものなることを見出だし、大英博物館へ贈りしところ、リスター卿【アーサーの次兄ジョゼフ・リスター。無菌手術法を確立した外科医】の姪《めい》グリエルマ嬢より…（中略）…新発見とて永く保存す、と言い越されたり。（「神社合併反対意見」、一九一二年四月、『全集』七巻）

熊楠が発見した、その粘菌の原形体の色は、深紅であった。それは、これまでの白色しかないという定説を覆すものだった。獄内がどのような状態だったか、詳しい様子はわからないが、決して日当たりがよく、明るいような場所ではなかったであろう。しかし粘菌の原形体は、そのような暗くじめじめとした場所を最も好むのである。

それにしても、獄内で粘菌を発見するとは……、ここには、熊楠のまさに飽くなき好奇心が見られる。熊楠は、粘菌を発見する非常に鋭い「嗅覚《きゅうかく》」を持っていたようだ。ちなみに、熊楠は相当なヘビースモーカーだったが、入監中は、獄社の庭に多く生えているハナヒリグサという草の実が鼻煙草《はなたばこ》の代用になることを知っていたので、煙草にも不自由しなかったらしい。鼻煙草（嗅《か》ぎ煙草）とは、細かく粉末化したタバコの葉を、鼻から吸い込んで、鼻粘膜から吸収させるというものである。古くは、英国貴族が楽しんだものらしい。日本ではほとんど知られていないが、西洋では今でも根強い人気があるようだ。

粘菌の分類

熊楠による粘菌（変形菌。より厳密には真正粘菌）研究は、彼のライフワークとでも言えるものだった。そして熊楠は、粘菌の「子実体」ではなく「原形体」に特別な関心を抱いた。通常、粘菌研究者は、キノコ状の「子実体」に注目する。新種等の同定も「子実体」の形状を検索表と比較して行われる。その方法は、熊楠の時代から今にいたるまで変わっていない。現在、世界で約千種、日本で約五百種発見されている。

熊楠が粘菌に関心を持った、当時の生物学では、生物を動物と植物の二界に分け、菌類は植物の一部とし、これらを隠花植物と呼んでいた。そして粘菌は、菌類に組み込まれていた（表2参照）。一八五八年、ドイツの菌学者であるド・バリー（Heinrich Anton de Bary、一八三一〜

西暦	主な出来事	粘菌の位置
1735	リンネが『植物の種』で2種の変形菌（粘菌）を記載	隠花植物
1829	フリースが菌類に分類.「腹菌（Myxogastres）」と命名	菌類
1858	ド・バリーが植物ではなく動物であることを指摘.「動菌・菌虫（Mycetozoa）」と命名	菌類（動菌類）
1969	ホイッタカーが「生物五界説」を提唱	プロチスタ界

表2　生物学における粘菌をめぐる動き

八八年）が、粘菌の動物性に着目し「動菌類」（Mycetozoa）という名前を考え出した。一九六九年には、アメリカのホイッタカー（Robert Harding Whittaker、一九二〇～八〇年）が、生物を、動物・植物・菌類・プロチスタ（真核の単細胞生物、あるいは単細胞の集団である多細胞生物）・モネラ（原核生物の細菌類および藍藻《らんそう》類）と分類し、「生物五界説」を唱えた。その後「生物八界説」などが出たりもしたが、この「五界説」は、現在でも広く標準的なものとして用いられている。

粘菌は、多数の核を持つアメーバ状になり、菌類のように胞子を形成するが、単細胞生物であるために、プロチスタ界に入れられてしまった。しかし、粘菌の子実体は、いわゆるキノコとはその生理を異にする。キノコは、「酸素を吸収して、二酸化炭素を排出する従属栄養生物」もしくは「動植物の有機物を分解する生物」などと定義できる（大賀祥治編『キノコ学への誘い』）。また、枯れ木、落ち葉、堆肥《たいひ》などから、菌糸を通じてセルロースや糖類などの養分を吸収する。マツタケなどの菌根菌は、植物の根に生成し、植物から養分の供給を受け、一方、植物に対しては窒素、リン、カリウムや水などを提供し、植物と共生している。しかし、粘菌の子実体は、水、養分など、いっさいを必要としない。養分は、変形体になったときにバクテリアやカビなどを捕食して蓄えた分だけで十分なのだ。また子実体は、キノコのように酸素を取り込むことも、二酸化炭素を吐き出すこともない。一方、アメーバ状の原形体は、活発に食物を取り込む。原形体は、仮足を出して生物を捕食する。食べられた生物は、食胞《しょくほう》という器官で、消化される。消化できなかったカスは、体外に排出される。

熊楠は、このような非常に不思議な生命体について、どのような考えを持っていたのであろうか。例えば、熊楠による以下のような言葉が残っている。

右菌類に似たもので Mycetozoa と申す一群、およそ三百種ばかりあり。これははなはだけしからぬものにて、…（中略）…幼時は水中を動きまわり、トンボがえりなどし、追い追いは相集まりて…（中略）…痰《たん》のようなものとなり、アミーバのごとくうごきありき、物にあえばただちにこれを食らう。然るのち、それぞれ好き好きにかたまり、…（中略）…いろいろの菌状のものとなり、いずれもたたくときは煙を生ず。これは砕けやすくして保存全きことは望むべからず。しかし不完全でもよし。紙につつみ保存下されたく候。…（中略）…饅頭《まんじゅう》のごとき形にてははなはだ大なるものあり。Fries 以下この類を菌なりと思い、植物中に入れしが、近来は全く動物なることという説、たしかなるがごとし。（羽山蕃次郎宛書簡、一八九二年六月二十一日、『全集』七巻）

これは、熊楠による粘菌に関する最初の記述である。当時アメリカを遊学していた熊楠が、日本にいた羽山蕃次郎に粘菌の採集を依頼した書簡である。スウェーデンの植物学者フリース（Elias Magnus Fries、一七九四～一八七八年。フリージア属はフリースの名にちなむ）は、キノコと粘菌とを分けたが、それ以前、粘菌は菌類つまり植物の一部として分類されていた。しかし、書簡からわかるように、熊楠は近年この粘菌が植物というより動物に近いのではないかと考えられはじめていることに着目している。近くこれは動物に分類されるのではないかという説が、自分も正しいと思うと述べている。

> 粘菌という名は廃止したきも、日本では故市川延次郎《いちかわのぶじろう》氏がこの語を用い出してより、今に粘菌で通り、新たに菌虫など訳出すると何のことか通ぜず、ややもすれば冬虫《とうちゅう》夏草《かそう》などに誤解さるべくもやと差し控いおり候。…（中略）…今粘菌の原形体は固形体をとりこめて食い候。このこと原始動物にありて原始植物になきこととなれば、この一事また粘菌が全くの動物たる証《あかし》に候。（平沼大三郎《ひらぬまだいざぶろう》宛書簡、一九二六年十一月十二日、『全集』九巻）

熊楠は「粘菌」という言葉を廃止したかった。そして、これは別の箇所で述べているのだが、「菌虫」＝ミケトゾア（Myceto《菌類》＋zoa《動物》）の名前を採用したかった。熊楠は、粘菌の性質上、最も重要である捕食機能＝動物的要素を無視したような「粘菌」という名前に疑問を感じざるを得なかったのだ。そして、ここで大胆にも熊楠は、粘菌を「原始動物」だと主張している。

ここで少し補足しておくと、熊楠は、田中（旧姓市川）延次郎（一八六四～一九〇五年、菌類学者）が「粘菌」という語を用いはじめたと述べているが、実はこの語は、遠藤吉三郎《えんどうきちさぶろう》（一八七四～一九二一年、海藻学者）が訳出したものである。田中は「変形菌」を造語した人物である。

粘菌への「詩的情熱」

熊楠にとっては、静的な子実体より、本当に少しずつだが確実に動き回り、捕食し、環境に応じて色を変化させる動的なアメーバ状の原形体こそが、特に重要であった。静的な子実体を、例えば「粘菌が生えた」と言って、その形状を視覚的に観察することは簡単なことだ。しかし、それでは粘菌を本当に理解したことにはならない。生命活動の中心とも言える原形体の捕食機能を無視して、一方の特徴だけを見ることは、粘菌という生命体全てを捉えていることにはならないのである。

当時の粘菌研究の権威であり、熊楠ともしばしば書簡のやりとりがあった、グリエルマ・リスターは、以下のように述べている。

標本を記載する文にも、筆者【熊楠】の詩的情熱がこめられていて、それ自体が魅力に富んだものとなっている。南方氏がいだく畏敬と称賛の念は、しばしば研究対象の微小物体のもつ美によって惹き起こされたものである。（「日本産粘菌について」、『英国菌学会報』第五巻所収）

リスターの言う、熊楠による「詩的情熱」とは、どのようなものか。それは、感情的・刺激的・主観的な心酔と言えるかもしれない。またそれは、対象を冷静に分析して捉える態度ではない。そこには熊楠が、粘菌の不思議な魅力に完全に心を奪われ、その生命体と一体になろうとしていた姿が見てとれる。粘菌という不思議な生命体を知る（捉える）ためには、客観的・分析的方法ではなく、むしろ熊楠のような「詩的熱中」による「内在化」が必要なのである。

粘菌の生態から導き出した死生観

熊楠は、粘菌の生態から、以下のような死生観を導き出す。

日本第一の道教研究者妻木直良《つまきじきりょう》師あり。二十二年前、例の小生が炭部屋で盛夏に鏡検最中のところへ来たり、いろいろと話す。ちょうど小生粘菌を鏡検しおりしゆえ、それを示して、『涅槃経《ねはんぎょう》』に、この陰《いん》滅する時かの陰続いて生ず、灯生じて暗滅し、灯滅して闇生ずるがごとし、とあり、そのごとく有罪の人が死に瀕《ひん》しおると地獄には地獄の衆生《しゅじょう》が一人生まるると期待する。その人また気力をとり戻すと、地獄の方では今生まれかかった地獄の子が難産で流死しそうだとわめく。いよいよその人死して眷属の人々が哭《な》き出すと、地獄ではまず無事で生まれたといきまく。（岩田準一宛書簡、一九三一年八月二十日、『全集』九巻）

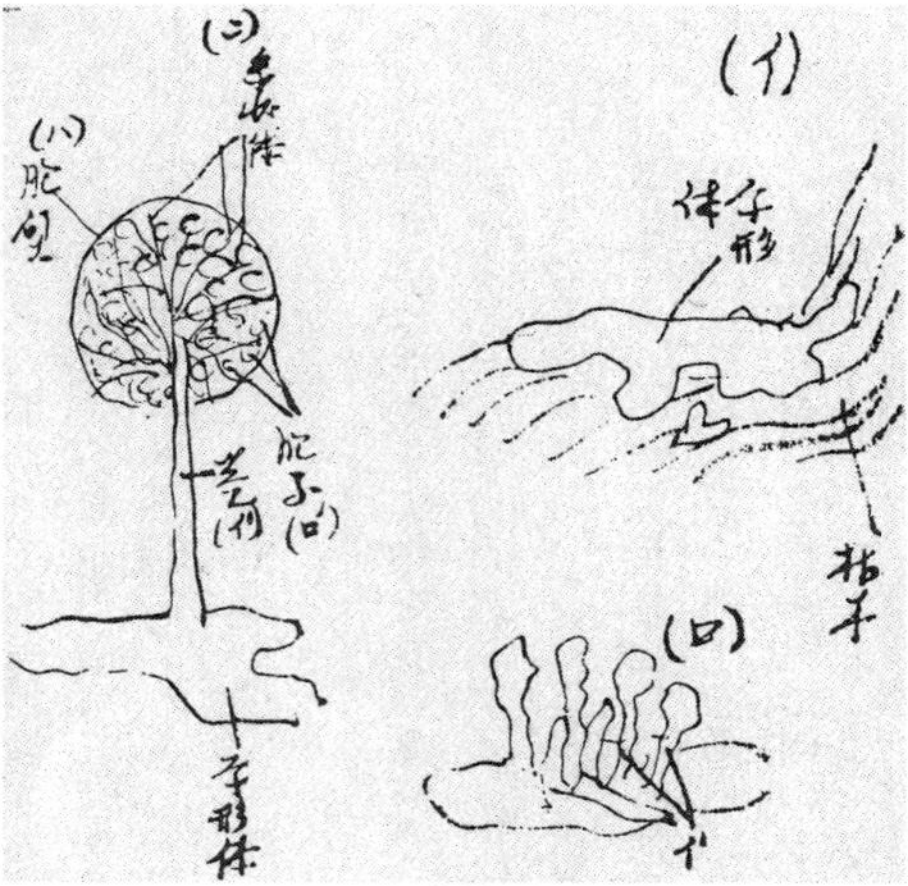

粘菌の図（岩田準一宛書簡，1931年８月20日）
所蔵：岩田準子

『涅槃経』とは釈迦《しゃか》の入滅《にゅうめつ》（大般涅槃《だいはつねはん》、釈迦の死のこと）を叙述し、その意義を説いた経典類の総称である。熊楠は粘菌の生態現象を、この『涅槃経』の事例になぞらえて説明した。この文章から、私たちは現代の死生観を考える上で、いくつもの重要な視点を取り出すことができるように思われる。

この文章において熊楠は、この世と地獄とは、鏡像のような関係にあるものだと述べている。生命とは、灯と闇の二つの側面を持って絶え間なく運動を続ける。灯が消えると、同時に同じ場所で、闇が生まれる。逆に灯が輝きだすと、その明かりで闇は消滅する。つまり灯と闇とは連続した現象なのだ。そして生は死という否定的契機があって初めて成り立つ。逆も同じである。生と死の世界を簡単に分断することなどできないのである。

熊楠は、以下のように続ける。

原形体は活動して物を食いありく。茎、胞嚢《ほうのう》、胞子、糸状体と化しそろうた上は少しも活動せず。ただ後日の蕃殖《はんしょく》のために胞子を擁護して、好機会をまちて飛散せしめんとかまうるのみなり。

故に、人が見て原形体といい、無形のつまらぬ痰様の半流動体と蔑視さるるその原形体が活物で、後日蕃殖の胞子を護《まも》るだけの粘菌は実は死物なり。死物を見て粘菌が生えたと言って活物と見、活物を見て何の分職もなきゆえ、原形体は死物同然と思う人間の見解がまるで間違いおる。すなわち人が鏡下にながめて、それ原形体が胞子を生じた、それ胞壁を生じた、それ茎を生じたと悦ぶは、実は活動する原形体が死んで胞子や胞壁に固まり化するので、一旦、胞子、胞壁に固まらんとしかけた原形体が、またお流れとなって原形体に戻るは、粘菌が死んだと見えて実は原形体となって活動を始めたのだ。（岩田準一宛書簡、一九三一年八月二十日、『全集』九巻）

例えば、顕花《けんか》植物は、その重要な器官（生殖に必要なおしべとめしべ）を可視的な形で示す。粘菌では、そのようなことはない。一見死んでいるようにさえ見える、ドロドロしたアメーバの中に生命活動の欲望が隠れている。しかし人々は、そのことに気付いていない。——熊楠は粘菌を通じ、客観的に外側からだけでは判断できない生命体を、主観的にその内側から見ようとしていた。粘菌は生と死をめぐる、現代の凡庸な常識に警告を与えているとも言える。

さらに熊楠は、生命現象を観察する者の立場は絶対的なものではないということを強調している。例えば、現代の生命科学において、生命体を研究する者は、生命体の外側に現れた現象と行動だけを観察し、判断を行ってしまっている。そこにこそ間違いを犯す可能性がある。熊楠による前記の言葉は、そのような絶対的・分析的・客観的な見方、あるいは特定の価値観からの観察法の問題点を指摘している。観察者は「痰のような」一見無構造に見える生き物が、実は生き生きと活動しているとは思わず、むしろ「死物同然」と思ってしまうのだ。生命活動を、ただ外側からだけ観察し、理解した結果が正しいとは、全く限らないのである。

松居竜五は、

熊楠にとって粘菌を顕微鏡で観察することは、微細な世界の中に広がる無尽蔵の多様さを持つ「曼陀羅」を、自分の目で確かめていくことであった。（『南方マンダラ』）

と述べている。つまり、生と死が循環しつづける粘菌の生命の在り方に、熊楠は、曼陀羅の世界を感じとっていたのである。

ミナカテルラ・ロンギフィラの発見

一九一六年四月、熊楠は、弟常楠名義で、田辺の中屋敷《なかやしき》に、約四百坪の宅地および家屋を購入した。この新邸に移ってすぐの七月九日、熊楠は、庭の柿の生木に、今までに見たこともない粘菌を発見する。さっそく熊楠は、これを前出のイギリスの粘菌学者グリエルマ・リスターへ送った。精査の結果、これは新種の粘菌と認められ、「ミナカテルラ・ロンギフィラ（南方の長い糸、ミナカタホコリ）」と名付けられた。粘菌は、落葉・朽木などに発生するのが普通である。しかしこの「ミナカテルラ・ロンギフィラ」は生きた樹木にいた。これは当時としては、全く常識外のことであった。まさに「普通」あるいは「常識」という枠に囚われない熊楠だからこそできた大発見だったと言える。この発見はリスターによって、イギリスの植物学雑誌に発表された。

少しだけ補足しておくと、「ミナカテルラ・ロンギフィラ」は、リスターによって新属新種として認定されたが、実は現在では、ミナカテルラ属を認めず、この属種をヒモホコリ属に移す学者もいる。

熊楠が新発見した粘菌の種名は、以下の通りである。それらは、八つの分類群と現在では認められていない二つの分類群、合わせて十の分類群に分けられている。

〈現在認められている分類群〉

①アオウツボホコリ　*Arcyria glauca* A. Lister

②ハイフウセンホコリ　*Badhamia capsulifera* var. repens G. Lister

③アカフシサカズキホコリ　*Craterium rubronodum* G. Lister

④コヌカホコリ　*Hemitrichia minor* G. Lister

⑤イボヌカホコリ　*Hemitrichia minor* var. *perdina* Minakata ex G. Lister

⑥ミナカタホコリ　*Minakatella longifila* G. Lister

⑦キモジホコリ　*Physarum psittacinum* var. *fulvum* A. & G. Lister

⑧イタモジホコリ　*Physarum rigidum* (G. Lister) G. Lister

〈現在認められていない分類群〉

① *Comatricha longa* var. *flaccida* Minakata ex G. Lister

② *Craterium leucocephalum* var. *refum* G. Lister

（山本幸憲「変形菌研究と南方熊楠」）

これらは、熊楠によって発見されたが、論文等での発表は、全てリスターによって行われた。

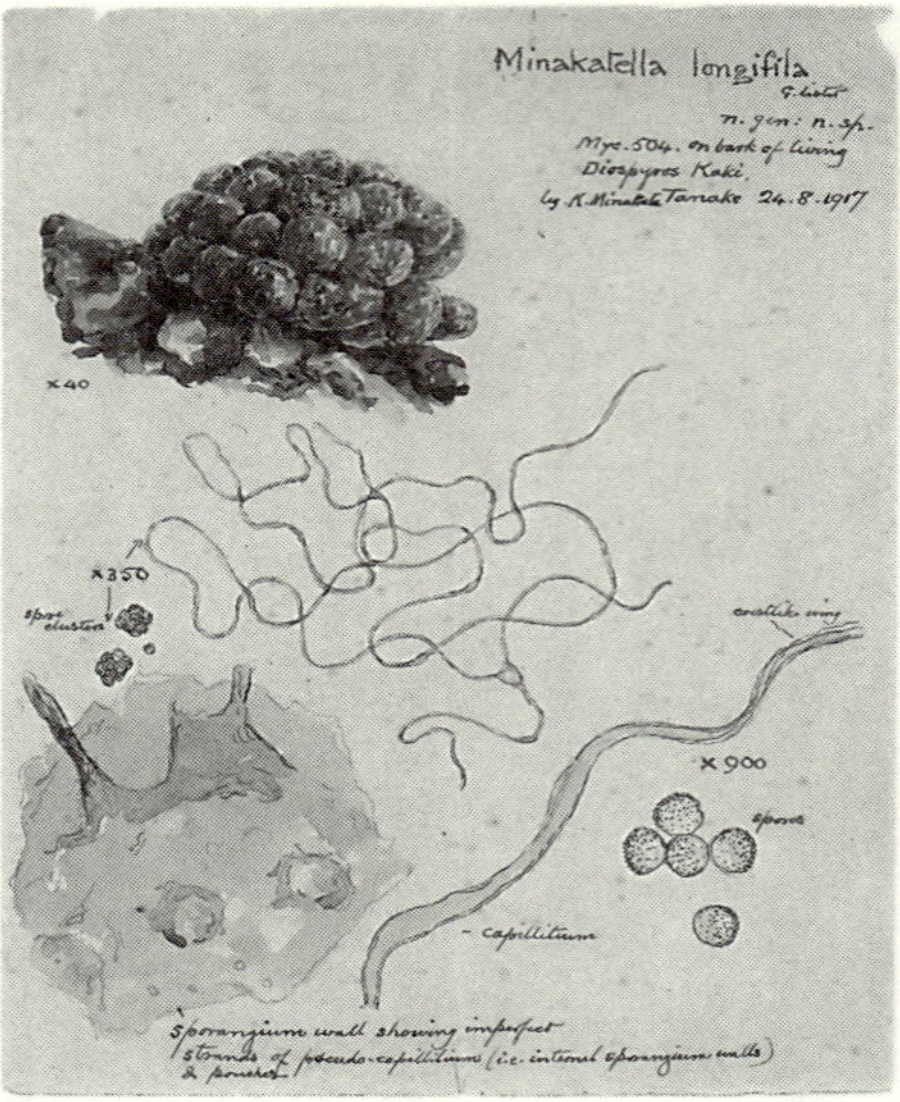

G. リスターによる「ミナカテルラ・ロンギフィラ」図譜
写真提供：南方熊楠顕彰館

なぜ熊楠は、自身で論文を書いて発表しなかったのか。そもそも、熊楠による粘菌・菌類・植物等の論考は、極端に少ない。あっても「報告」程度である。新種の菌類を発見しても、ほとんど「裸名《らめい》（学会誌に未発表の熊楠独自の分類番号）」のままにしている。この事柄（謎）に関しては、しばしば研究者の間でも、議論されるところである（第6章第1節参照）。ちなみに、熊楠が『ネイチャー』へ投稿した、粘菌に関する報告（色の変化について）は、わずか二本のみである。

昭和天皇への御進講

熊楠の人生におけるハレの日、それは何と言っても一九二九年六月一日の昭和天皇への御進講であった。大学にも学会にも属さない、在野の研究者であった熊楠に、なぜこのような話が舞い込んできたのであろうか。

一九二六年二月、高弟小畔四郎から熊楠へ一通の手紙が届いた。それは、小畔が採集した粘菌標本を摂政宮《せっしょうのみや》（この頃は昭和天皇はまだ摂政皇太子だった）へ進献《しんけん》するので、自分の師である熊楠にその選定をお願いしたい、というものであった。小畔と宮中には意外なつながりがあった。小畔は当時、内国通運の専務であったが、この会社には、宮内省生物研究所の主任で侍《じ》講《こう》であった服部広太郎《はっとりひろたろう》（一八七五〜一九六五年、生物学者、学習院教授）の甥《おい》も勤めていたのである。小畔は、服部の甥の上司だった。またこの頃、摂政宮は、服部から生物学の基礎的知識を学び、粘菌にも大変関心を持っていた。そこで服部は、小畔に「粘菌の標本を摂政宮への御講釈で用いたい」と依頼してきたのである。

熊楠は、小畔が集めたものに加え、平沼大三郎（一九〇〇〜四二年、素封家）、上松蓊《うえまつしげる》（一八七五〜一九五八年、実業家）、そして熊楠自身が採集したものを合わせて、選定作業を行った。この頃は、熊楠の息子熊弥が精神的な病を発症し、家族総出で看護していた最中でもあり、選定作業には大変苦労を要した。表啓文《ひょうけいぶん》には「標本献上者小畔四郎、品種選定者南方熊楠、邦字筆者上松蓊、欧字筆者平沼大三郎」と書かれている。ちなみに、小畔、平沼、上松は、熊楠門下の「粘菌三羽烏《さんばがらす》」と呼ばれていた。

熊楠は最初、表啓文に、粘菌は「原始動物」であると書いた。粘菌の子実体よりも原形体、そしてその色彩の変化と捕食機能に注目していた熊楠としては、それを「原始動物」とするのは当然であった。しかし、服部は「原始動物」と呼ぶのは時期尚早で「原始生物」くらいにとどめておいたほうがよいと書き直しを命じてきた。結局「原始生物」で落ち着いたが、熊楠は不満であった。服部と熊楠の間で板挟みにあった小畔は、さぞ悩み苦しんだであろう。「粘菌三羽烏」のうちの二人、小畔・上松については、一九二六年に熊楠へ宛てた書簡が翻刻されなければ決定的なことは言えないが、二人とも、師の言う「粘菌は原始動物である」という意見に、おそらく同意していたのではないだろうか。平松については、熊楠宛の一九二六年の書簡が翻刻出版されているので、その考えを知ることができる。

毎度粘菌に就き御懇切に御教示賜り、誠に忝《かたじけな》く謹みて御礼申上げ候。粘菌の動物たる事御教示の通り明白なるに拘《かか》はらず、其の事に苦情出でしは驚き入る次第に御座候。(平沼大三郎から熊楠へ宛てた書簡、一九二六年十一月十五日、南方熊楠顕彰会学術部編『南方熊楠 平沼大三郎往復書簡〔大正十五年〕』)

このように、平沼は熊楠の「粘菌動物説」に明らかに賛同していた。また、服部から書き直しの指示が出たことに驚きを隠せない様子がうかがえる。

服部は、一九三四年に『那須産変形菌類図説』を出版している。そこには詳細な「子実体」

が描かれている。熊楠も『日本産粘菌原色図譜』を構想していたが、彼が目指したものは、服部のようなものではなかった。熊楠の図譜は不幸にして出版にはいたらなかったが（第6章第2節参照）、もし出版することができていたならば、服部とは全く違ったものになっていたはずである。そのことを推測させる資料が、『進献粘菌品彙《しんけんねんきんひんい》』である。そこには、「原形体」の形状はもちろん、その色彩やその変化の様子までが詳細に描かれている。

先ほど少しだけ述べたが、熊楠による粘菌、特に原形体の色彩の変化への関心は、『ネイチャー』に寄稿した二編の報告書にも現れている。

① Colours of Plasmodia of Some Mycetozoa（粘菌の変形体の色①）（『ネイチャー』一九一〇年六月二十三日、八十三巻二一二一号）

② Colours of Plasmodia of Some Mycetozoa（粘菌の変形体の色②）（『ネイチャー』一九一二年十月二十四日、九十巻二二四三号）

ここには、通常は透き通った白色の原形体が、時として淡い黄色を示すことや、白色から緑、後に黄色、最終的には錆色《さびいろ》に変化する原形体の色の変化などが報告されている。

一九二九年一月八日、何の予告もなしに突然、服部が田辺の熊楠を訪れた。それは、近々昭和天皇が南紀行幸《ぎょうこう》を行うので、その際天皇へ御進講できないかという打診のためであった。

熊楠のフロックコート姿の御進講記念写真（1929年6月1日）
写真提供：南方熊楠顕彰館

熊楠はこの直前、厳冬の奥熊野（川又《かわまた》官林・妹尾《いもお》官林）で植物採集行を行い、手足に凍傷を生じたような状態だった。その後、御進講が確定したのは四月二十五日、県からの正式通知は五月二十七日であった。熊楠は、アメリカ時代のフロックコートを修理して着用することにした。熊楠邸の長屋には当時、金崎宇吉《かなさきうきち》（一八八三～一九六七年）という洋服仕立業者が住んでいた。折に触れて熊楠の相談に乗っていた人物で、このフロックコートも金崎が修繕した。

そして六月一日、熊楠は神島で昭和天皇に拝謁《はいえつ》した。昭和天皇は小雨の降る中、約二十五分間、神島で粘菌を探した。その後、田辺湾に停泊中の御召艦《おめしかん》、長門《ながと》で御進講が行われた。二十五分間の予定であったが、天皇の希望で五分か十分延長された。献上したものは、粘菌標本百十点、白浜の海洞《かいどう》にいた蜘蛛（熊楠は、どうしても叡覧《えいらん》に供したかったため、二日前、荒天の海に船を出し、これを捕まえている）、ウガ（海蛇の尾にエボシ貝が数個寄生したもの）、そしてキューバで発見したギアレクタ・クバーナ（第2章第3節参照）などであった。

熊楠には鼻の持病があり、進講中に、はな水が垂れはしないかということを大変気にしていた。妻の松枝はもちろん、「粘菌三羽烏」も、熊楠が無事に御進講できるように祈っていた。そしてもう一人、熊楠の無事を祈っていた人物がいた。山田（旧姓羽山）信恵《のぶえ》である。信恵は、熊楠の「深友」羽山兄弟の妹である。熊楠がアメリカへ発つ前日に生まれた子であった。信恵は、海辺で長時間（夭逝《ようせい》した兄たちの分まで）、熊楠が無事に進講を果たされますように、と祈っていたという。

長門艦上で、熊楠は粘菌の標本を、キャラメルのボール箱に入れて天皇へ献上した。このような場合、桐《きり》の箱を用いるのが普通である。しかしこれには、熊楠なりの理由があった。熊楠も桐の箱が普通であることは知っていた。しかし、献上・御進講の際、緊張のあまり密閉された桐の箱が開かなかったら大変である。そこで滑りがよく開閉しやすいキャラメルのボール箱にしたのであった。娘の文枝は、以下のように語っている。

熊楠が粘菌入れとして使ったのと同じキャラメル箱
写真提供：南方熊楠顕彰館

　桐の箱も作っていたんですよ。けれど、スッと蓋が開きにくいということで、キャラメルの箱にしたんです。あの小さいキャラメル箱のことだと誤解されている方が多いのですが、そうではなく、問屋さんのところにある大きいやつです。箱の上に綺麗《きれい》な天女の絵がついていました。父はよく粘菌入れとして愛用していましたが、もちろんこの日使ったのは新しく貰ったものですよ。（南方文枝・神坂次郎「父 熊楠の素顔」）

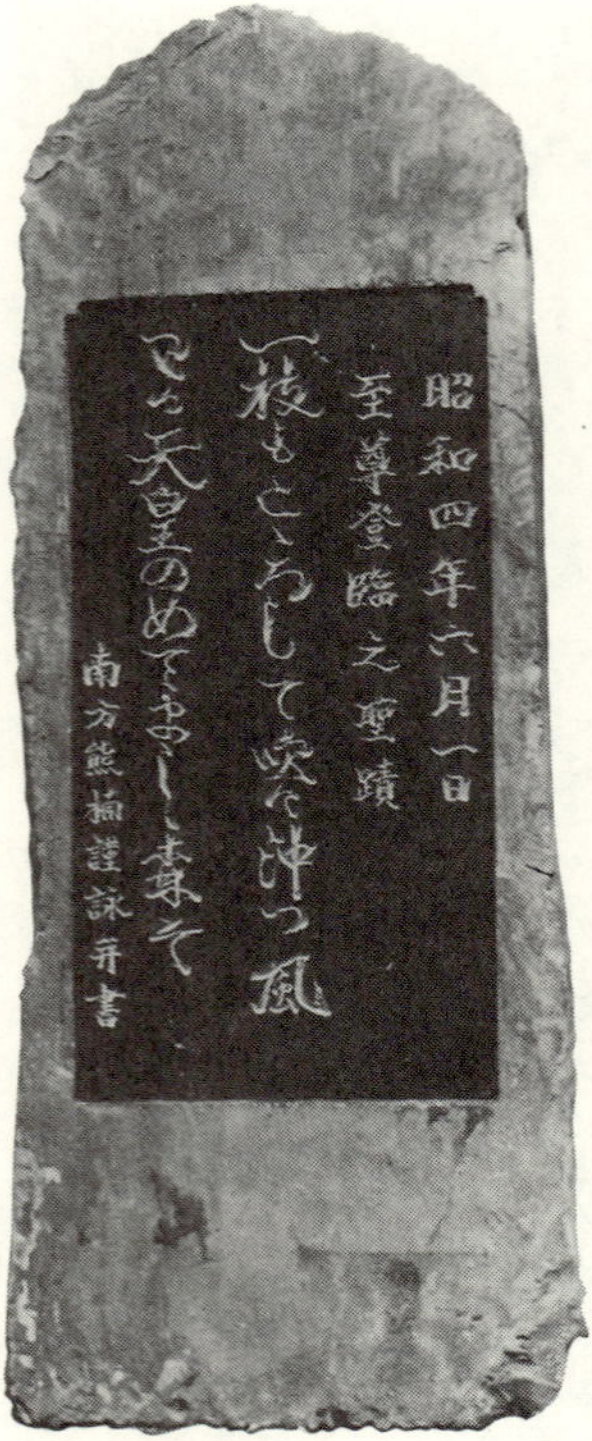

神島の熊楠歌碑
写真提供：南方熊楠顕彰館

後に昭和天皇は、当時大蔵大臣で民俗学者でもあった渋沢敬三《しぶさわけいぞう》（一八九六〜一九六三年）に、以下のように語った。

南方にはおもしろいことがあったよ。【御召艦】長門に来た折、珍しい田辺附近産の動植物の標本を献上されたがね、普通献上というと桐の箱か何かに入れて来るのだが、南方はキャラメルのボール箱に入れて来てね。それでいいじゃないか。（「南方熊楠全集上梓《じょうし》のいきさつ」)

一九三〇年六月、天皇の行幸記念碑が神島に建立された。その碑には、熊楠による力強い字で、

一枝もこゝろして吹け沖つ風　わか天皇《すめらぎ》のめてましゝ森そ

と刻まれている。天皇が上陸し採集までした森のある神島。沖の風でさえも心して吹かねばならない。まして人間がこの森に勝手に入り荒らすことなど断じて許されないのである。熊楠のこの熱い思いは、神島が史蹟名勝天然記念物に指定されることで実を結んだ。

戦後、一九六二年五月、昭和天皇は伊勢神宮参拝の後、再び南紀を行幸した際、田辺湾を眺め、熊楠を思い出し、歌を詠んだ。

雨にけふる神島を見て紀伊の国の生みし南方熊楠を思ふ

天皇の歌に民間人の名が含まれることは、異例中の異例であった。

第6章　蓄えてきた知を爆発させて——田辺時代②

1　柳田國男との出会いと別れ

奇妙な出会い

熊楠は、神社合祀反対運動で「家宅侵入」の罪で捕えられ、入監した際（第5章第2節参照）、獄中で、その頃出版されたばかりの柳田國男の著作『遠野《とおの》物語』を初めて読んだ。

熊楠は、一九一一年二月に「山神オコゼ魚を好むということ」という論文を『東京人類学会雑誌』に発表した。その四か月前に、柳田も「山神とヲコゼ」という論文を別のところで発表していた。古来、山の神はオコゼを好むとされ、供え物にするとよいことがあるという伝承があった。オコゼとは、海底に生息する、見た目がグロテスクな魚である。山の神は嫉妬深い女神で、自分より醜いこのオコゼの顔を見ると、安心し、喜び、願いを叶《かな》えてくれるのである。熊楠自身、「オコゼを供えるので、どうか目当ての苔《こけ》が見つかるように」と山の神に願ったところ、数日の後、たちまちその苔が群生している場所を見出したことがあったという（「山神オコゼ魚を好むということ」、『全集』二巻）。

柳田は、熊楠のこの論文を読み「欣喜《きんき》禁ずる能わず（喜びを禁じ得ず）」「突然ながら」熊楠に手紙を出した（一九一一年三月十九日）。同じ時期に同じ「山の神」と「オコゼ」というテーマに関心を持った熊楠に、偶然の域を超えた何かを感じたのであろう。ここから二人の濃密な交流は始まった。約十五年に及ぶ往復書簡は、一九二六年まで続くことになる。

一九一三年十二月、柳田は何の予告もなく、田辺の熊楠を訪れた。熊楠に是非直接会って、民俗学に関するさまざまな議論がしたかったのである。とりあえず熊楠は、柳田に近くの錦城館という旅館で待ってもらった。

一九一三年十二月三十日［火］
松枝神社札入る丶札、こしらえしことに付《つき》予怒り居る所え、柳田国男氏人力車にのり来る。一昨日東京出立し、和歌山より有田《ありだ》日高へて来たりし也。暫時話し、去る。それより予湯に之《ゆき》、丸よしで二盃のみ、楠本松蔵氏訪ひ、小倉屋で三盃のむ。
錦城館に之、柳田氏及松本荘一郎氏男［烝治］【爵】に面し、栄枝来り飲む内、予大酔して嘔吐し玄関に臥《ふ》す。サカ［栄］枝とまる。（『日記』四巻）

柳田の突然の訪問に、熊楠はさぞ驚いたことであろう。熊楠は、何やらその直前に、妻松枝と口論をしていたようだ。そこへ柳田の訪問である。柳田に錦城館で待ってもらう間、熊楠は、緊張をほぐし、高ぶった気持ちを抑えるため、まず銭湯へ行き、さらに飲み屋を二軒はしごし、何杯か飲んだ後、やっと錦城館へ向かった。熊楠は、柳田と、同行してきた松本烝治《まつもとじょうじ》（一八七七～一九五四年、商法学者）に面しても、さらに飲み、泥酔して嘔吐する始末であった。当然、このときは学問的な話は全くできなかった。

一九一三年十二月三十一日［水］
終日臥す。午後柳田氏来り、二時間斗り話して去る。予眼あかず、臥したまゝ話す。夜も予臥す。（『日記』四巻）

翌日、柳田はあらためて熊楠宅を訪れた。しかし、熊楠は二日酔いで蒲団から出られず、臥したまま柳田と話をした。

極端な人見知り

柳田との初めての（そして最後の）対面を見てもわかる通り、熊楠は極端な人見知りだった。恥ずかしがり屋で、柳田に限らず、初対面の人と話すときは、その人を正視できず、横を向いて応答していたという。書簡や論考などでは辛辣《しんらつ》極まりない言葉を吐く熊楠であったが、面と向かっての話はまるで苦手だった。特に大勢の前で話をすることに関しては、問題外であった。熊楠は、しばしば緊張をほぐすために酒を大量に飲むことがあった。酒を飲まない熊楠は、非常に大人しかったと言われている。「南方植物研究所」の資金集めのために上京した際、國學院大学で講演を依頼されたときも、事前に酒を大量に飲んでいる。そして、何とか壇上には立ったものの、話はせず聴衆に向かって「百面相」をしたという。この「百面相」は「歪顔発《わいがんほっ》作《さ》か眼瞼痙攣《がんけんけいれん》」ではなかったかと見る研究者もいる（近藤俊文《こんどうとしふみ》『天才の誕生』）。つまり、緊張のためか飲酒のためか、あるいはその両方があわさってかはわからないが、発作的に顔がゆがむ症状、あるいは、まばたきの制御異常が起こったとも考えられている。

また熊楠は、研究中に周りが騒がしいと、しばしば怒っている。周りの物音に非常に敏感だったようだ。熊楠は、実に繊細な神経の持ち主だったのだ。それは、彼が残した膨大な量の綿密な植物等の彩画を見ても伝わってくるものである（保存されている菌類図譜だけでも、三千五百枚以上に及ぶ）。

このような熊楠像は、しばしば「本当の熊楠は……」「実際の熊楠は……」という接頭語付きで語られることが多い。「本当の熊楠」「実際の熊楠」とは、つまり「表面上の熊楠ではなく、裏面（あるいは深層）の熊楠」ということであろう。笠井清（一九〇六～九五年、国文学者）は、熊楠が持つ男性性と女性性について以下のように的確に述べている。

筆者はこれまで熊楠のむこう見ずなほど勇敢だった男性的な強気と奔放についてしるしたが、実は彼の性格にはそれとは相矛盾するやさしい女性的な弱気も内在していたのであって、彼は内心両親に対して何らの孝養もなし得ず、多年の外遊も十分な成果をあげ得なかったことを恥じており……（以下略）（『南方熊楠』）

笠井は、熊楠には「女性的な弱気」があったと述べている。熊楠に見られる、大胆な行動や強気な態度などの深層には、それらとは全く正反対の、大人しく、恥ずかしがり屋で繊細な、もう一人の熊楠がいたのである。

別れの原因

熊楠と柳田は、この奇妙な初対面の後も、書簡のやりとりを続けた。例えば、熊野にも話がたくさん残っている「山男（山人）」の伝承に関するやりとりがある。柳田は「山男（山人）」に、先住民族の残存を見ようとした。しかし熊楠は、それは動物や人間を誤認したにすぎないと一笑に付した。その後、書簡を往復するうち、二人の特に「性」に対する意識の違いが決定的に明らかになってくる。官僚出身で、いわばエリート学者である柳田は、「卑穢《ひわい》なる記事」が好きではなかった。ある時、柳田は自身の主宰する『郷土研究』にもこのような（卑猥な）記事は載せないと熊楠に言ってきた。一方、在野の研究者熊楠は、

猥鄙《わいひ》のことを全く除外しては、その論少しも奥所を究め得ぬなり。（柳田國男宛書簡、一九一四年五月十四日、『全集』八巻）

と反論した。熊楠にとって「性」の話題は「卑猥」と言って避けるべきものではなかった。むしろそのような話題の中にこそ、人間の本質があるとさえ考えていた。

熊楠は、特に「性」の特殊性にまつわる事柄を否定することを嫌った。例えば、（熊楠のような）同性愛的・少年愛的傾向は、世間では忌避《きひ》され、時に卑猥とされるが、熊楠自身は決してそうは思っていなかった。そもそも人間社会・文化・歴史など、突き詰めれば卑猥なことばかりではないか、そう考えていた。

世間一般から見れば、確かに熊楠の文章は、卑猥であるのかもしれない。事実、熊楠は、一九一三年十一月一日に「月下氷人」、十一月六日に「情事を好く植物」という論考を発表しているが、これらは風俗壊乱罪《ふうぞくかいらんざい》で告訴され、罰金刑を受けている。しかし、熊楠は大真面目にこの卑猥なる文を書いていた。そこに人間の本質を見ていたからだ。だが、柳田にも世間にも、それを理解することはできなかった。

このような、絶対的な考え方の違いが露見した頃、もう一つの問題が追い打ちをかけた。熊楠は、田辺の友人広畠岩吉《ひろはたいわきち》（?～一九一七年、屋号油岩《ゆういわ》）の娘きしを柳田に紹介し、彼女は柳田家に奉公することになった。しかし、きしは三か月で柳田家を飛び出してしまう。きしの身に何があったのか、詳細は不明であるが、逃げ出すほどのことが柳田家であったと考えられる。これが熊楠と柳田の絶信（別れ）の最大のきっかけではないかとも言われている。ちなみに、熊楠は岩吉のことを「二足生えたエンサイクロペジア」（柳田國男宛書簡、一九一一年十月十五～十六日、『全集』八巻）とまで評している。熊楠に負けず劣らず、百科事典的な知識を持った人物だったようだ。岩吉は話題に豊富で、また気さくな人柄でもあり、彼の家は町の人々の会所になっていた。

柳田を日本民俗学の父とするならば、熊楠は日本民俗学の母であるとする見方がある。この父と母が別れずにいたら、新しい子供（怪物）は誕生していただろうか。同じ頃に同じ事柄に関心を持ち、ひかれ合った二人であるが、「性」をめぐる事柄が発端で決裂した。わかり合えた部分が大きかっただけに、このズレは余計に目立ったのである。

なぜ熊楠は「日本人の可能性の極限」と称されるのか

熊楠の死後、柳田は以下のように、熊楠について述べている。

我が南方先生ばかりは、どこの隅を尋ねて見ても、是だけが世間竝《な》みといふものが、ちよつと捜し出せさうにも無いのである。七十何年の一生の殆と全部が、普通の人の為し得ないことのみを以て構成せられて居る。私などは是を日本人の可能性の極限かとも思ひ、又時としては更にそれよりもなほ一つ向ふかと思ふことさへある。（「南方熊楠」）

柳田は、熊楠においては「世間並み」という点がどこにもないと言う。全くその通りである。世間や世人というものは、熊楠にとって最も遠いものだったのだ。

これまで見てきたように、「気に入らないものには反吐を吐きかけた」「大英博物館内で暴力事件を起こした」など、熊楠の奇人伝は数多くある。熊楠が、このような逸脱した行為をとった理由は何だったのか。逸脱とはつまり、他者との距離が極端に離れてしまうことである。その結果、他者の気持ちに鈍感になり、感情移入ができなくなり、時に、反社会的行動へつながることもある。特に、熊楠による暴力的逸脱行為は、他者への共感力の欠如を感じさせるものである。また彼の日記を読むと、このような行為に対して、反省・自戒の言葉はなく、むしろ自慢しているかのようにさえ見受けられるのである。他方、熊楠による生物などへの研究姿勢は、対象と同一化してしまうほど、鬼気迫るものであった。彼は、対象に没入し、その内部から対象を直観した。

なぜ熊楠は、膨大な数の粘菌や隠花植物などの新種を採集しながらも、「裸名（学会誌に未発表の彼独自の分類番号）」のままにしたのか。なぜ粘菌や隠花植物に関する知識を広めるための本や論文をもっと発表しなかったのか。論文がほとんどない以上、熊楠を「植物学者」と呼ぶべきではないのではないか。熊楠が正式な分類法にのっとって記録しなかったのは、あまりにも無責任ではないか。これまで、熊楠に対するこのような議論や批判が繰り返し行われてきた。しかし、そもそも熊楠にとって採集・観察は、業績を残すためや名声を得るためのものではなかった。熊楠が採集・観察に没入した理由、それを彼は、以下のように赤裸々に語っている。

小生は元来はなはだしき疳積持ちにて、狂人になることを人々患《うれ》えたり。自分このことに気がつき、他人が病質を治せんとて種々遊戯に身を入るるもつまらず、宜《よろ》しく遊戯同様の面白き学問より始むべしと思い、博物標本をみずから集むることにかかれり。これはなかなか面白く、また疳積など少しも起こさば、解剖等微細の研究は一つも成らず、この方法にて疳積をおさうるになれて今日まで狂人にならざりし。（柳田國男宛書簡、一九一一年十月二十五日、『全集』八巻）

端的に、熊楠は「狂人」にならないために、採集（博物標本をみずから集むること）と観察（解剖等微細の研究）を行ったのである。そして、集中して採集・観察を行うことで、対象と極端に近くなった。瞬間的には対象と同一化していたかもしれない。しかし、永くはその状態にはとどまらなかった。なぜなら、同一化の状態にとどまることは、自我の消滅、自己の無化、人格の死であり、それはつまり、熊楠が恐れた「狂人」になってしまうことを意味するからである。

熊楠は対象に向かう。――しかしそれは、対象と一体化してしまうほど近くなってしまうのである。瞬間的に対象と一体化していた熊楠は、再びそこから分かれ、今度は他者から遠く離れた場所に自己をポジション設定するのである。それは、あまりにも他者と近くなりすぎた結果としての大きな反動だったのかもしれない。結局、熊楠という人間は、常に私たちのように、他者と近すぎず遠すぎない距離＝「適当な距離」にとどまることができなかったのだ。

しかし熊楠の、この極端な在り方こそ、柳田をして「日本人の可能性の極限」とまで言わしめた理由であった。つまり、他者との距離が極端に遠くなることによって、逸脱した思考、他者に囚われない新しい考えを生み出すことができた。その結果の一つが、「神社合祀反対運動」における「エコロジー」という当時の日本においては極めて斬新《ざんしん》な考え方の紹介であった。

一方、熊楠は、他者との距離が極端に近くなることによって、それを内部から直観することができた。その結果の一つが、粘菌の特殊な生態から導き出した「生と死の世界を簡単に分断することなどできない」「生命現象を観察する者の立場は絶対的なものではない」という考え（死生観）であった（第5章第2節参照）。

「適当な距離」をなかなかとることができなかった熊楠は「狂人」になることを恐れたが、このラジカルな距離の置き方こそ、南方熊楠という人物を最も特徴付けていると言うこともできるであろう。

主著「十二支考」とわずか三冊の著書

熊楠の主著と言えば、まず「十二支考」が挙げられる。一九一四年（寅年）、熊楠は雑誌『太陽』の正月号に「虎に関する史話と伝説、民俗」を掲載した。この論考は、全部で七節に分けられているが、熊楠にとって、そのような区切りはあってないようなものである。熊楠は、自由自在、縦横無尽に虎について論じている。「虎に関する史話と伝説、民俗」と銘うっておきながら、「狼《おおかみ》が人の子を育てる話」や「土や岩や草花等が血のように赤いと人が血を流した跡とされることが多く、しばしば赤い藻《そう》類などがその伝説の元となっていること」、「ジャッカルに関する説話」などに話は次々とジャンプする。

十二支の話に関する原稿を依頼した側は、どうやら当初、正月号のみの掲載を考えていたようだが、熊楠は何回かに分けて原稿を送った。これは「原稿料かせぎ」だったという見方もあるようだが、自分の「内側」からあふれ出てくる知識をおさえておくことができなかったというのが本音ではないだろうか。残されている「腹稿《ふっこう》（文章を書く前のアイデアのメモ書き）」を見ると、自身の迸《ほとばし》る知が逃げないように書きとどめているかのような感じを受ける。これは、熊楠が相当この論考（連載）に力を入れていたことがわかるものでもある。

以下に、各年の題名、節名、掲載年月をまとめておく。

「十二支考」の「鶏」の腹稿
写真提供：南方熊楠記念館

①虎に関する史話と伝説、民俗：一「名義のこと」、二「虎の記載概略」、三「虎と人や他の獣との関係」、四「史話」、五「仏教譚」、六「虎に関する信念」、七「虎に関する民俗」（一九一四年一月、五月、七月）

②兎《うさぎ》に関する民俗と伝説：節分けなし（一九一五年一月）

③田原藤太《たわらとうた》竜宮入りの譚：一「話の本文」、二「竜とは何ぞ」、三「竜の起原と発達（1）」、四「竜の起原と発達（2）」、五「本話の出処系統」（一九一六年一月、二月、三月）

④蛇に関する民俗と伝説：一「名義」、二「産地」、三「身の大きさ」、四「蛇の特質」、五「蛇と方術」、六「蛇の魅力」、七「蛇と財宝」、八「異様なる蛇ども」、

九「蛇の足」、十「蛇の変化《へんげ》」、十一「蛇の効用」（一九一七年一月、二月、六月、十二月）
⑤馬に関する民俗と伝説：一「伝説（1）」、二「伝説（2）」、三「名称」、四「種類」、五「性質」、六「心理」、七「民俗（1）」、八「民俗（2）」、九「民俗（3）」（一九一八年一月、二月、四月、五月、六月、九月、十二月）
⑥羊に関する民俗と伝説：節分けなし（一九一九年一月）
⑦猴《さる》に関する民俗と伝説：一「概言（1）」、二「概言（2）」、三「性質」、四「民俗（1）」、五「民俗（2）」（一九二〇年一月、二月、五月、十一月、十二月）
⑧鶏に関する民俗と伝説：一「伝説（1）」、二「伝説（2）」、三「伝説（3）」、四「伝説（4）」、五「伝説（5）」、六「概説」（一九二一年一月、二月、三月、五月、十二月）
⑨犬に関する民俗と伝説：一〜四（節のテーマなし）（一九二二年二月、三月、四月、十二月）
⑩猪《いのしし》に関する民俗と伝説：一〜四（節のテーマなし）（一九二三年一月、四月、六月、九月）
⑪鼠に関する民俗と信念：一〜五（節のテーマなし）（『太陽』未掲載）

最後の「鼠に関する民俗と信念」についてであるが、熊楠は例年通り、一九二三年十二月に『太陽』の編集社である博文館へ原稿を送った。しかし、同年九月の関東大震災の混乱の中、「編集方針の変更」を理由に、原稿は返却されてしまった。その後、『集古《しゅうこ》』および『民俗学』に「鼠」に関する事柄は掲載されることになった。「牛」に関しては未執筆に終わった。

「悲しみ」を覚えさせるような「知識の饗宴《きょうえん》」——この「十二支考」に対する国文学者益田勝実の評価（「野の遺賢」）は、なるほど、その通りかもしれない。「十二支考」は、熊楠による「曼陀羅」のような「腹稿」が、そのまま表された感が否めない。それほど自由闊達《かったつ》であるとも言えるし、まとまりがないとも言える。また各論考は、中途半端に終了してしまっていることが多い。しかし、これが南方熊楠なのである。ある話題から違う話題への極端なジャンプの後、熊楠自身でさえおそらく着地点がわからなくなっている。私たちがそれについていき、そこからはっきりとした結論を見出すことは、至難の業であろう。

熊楠は、海外学術雑誌、日本の新聞・雑誌におびただしい数の論考を発表したが、生前単行本として発刊したのは、『南方閑話《みなかたかんわ》』（一九二六年二月）、『南方随筆《みなかたずいひつ》』（一九二六年五月）、『続南方随筆』（一九二六年十一月）の三冊のみである。しかも三冊とも、同年に出版されているのである。次節で詳述するが、一九二六年と言えば、熊楠の息子熊弥が、高知において精神病を発症し、帰宅した翌年のことである。看病等で精神的にも肉体的にも疲弊しきっていたであろうこの時期に、熊楠はなぜ、やつぎばやに三冊も著作を発表したのであろうか。——これまで熊楠は、自身の論考などで生活費を稼ごうという気持ちはなかった。ただ自身の好きな事柄のみを研究し、発表していた。しかし事態は変わった。弟常楠との不和により、生活費の送金が打ち切られ、また愛息熊弥が病に罹《かか》ったのである。熊弥のためにも、もはや熊楠は自身で何とか少しでも稼がねばならなくなった。あまりにも性急な三冊の著作の発表は、熊楠の焦りの表れなのかもしれない。

2 家族と日々の暮らし

息子熊弥のこと——発病と粘菌図譜

一九〇七年六月二十四日、熊弥は生まれた。熊楠四十歳のときの子である。日記には、

暁に男子生れしと下女いひ来る。頗《すこぶ》る健《すこや》かなり。(『日記』三巻)

とある。熊楠は特に言及していないが、「熊弥」の「熊」は熊楠から、「弥」は熊楠が尊敬していた父弥兵衛からとったものだと思われる。また、熊楠によって熊弥は「チョコ六」あるいは「ヒキ六」とあだ名をつけられ、大変可愛がられたようだ。熊弥の誕生から数年間、熊楠の日記は「育児日記」もしくは熊弥の「成長記録」の様相を呈している。熊楠は、実に子煩悩だった。娘文枝は、以下のように述べている。

母の話によりますと、兄熊弥の生まれたときの父の喜びようはたいへんだったそうです。

…（中略）…乳母車にのせ、子守を後ろに従えて自分で車を押しながら、まず新地《しんち》に行き、「俺の子だ、俺の子だ、可愛いだろう」と、知り合いの芸妓《げいぎ》さんたちに自慢して歩いたとか（笑）。（『父　南方熊楠を語る』）

熊楠は、熊弥を乳母車に乗せて、知り合いの芸妓たちに見せて回ったという。

熊弥が田辺小学校三年生のとき、上級生によるいじめが問題になっていた。熊楠は憤激して『牟婁新報』へ、このことに関して投書している（「田辺小学児童の郊外行動に就いて」）。概要は、以下の通りである。「団長」と呼ばれる上級生が恣意《しい》的に下級生を遊びに呼び出し、従わなかったら翌日学校でいじめるという。そのため、学校から帰宅後、せっかく自分が勉強を教えようと思っても「遊びに行かねば」と言って出て行く。子供は、上級生と父母との板挟みで困っている。教師はそうした実態をしっかりと把握し、校外指導をすべきである。それから、今後再び私の息子に危害を加えたら、私がその「団長」を打ちのめしてやるからそのつもりでいろ（松居竜五他『南方熊楠を知る事典』「南方熊弥」の項参照）――熊楠は家庭教育に気を使い、また息子がいじめられることを心配していた。新聞へ投書して反撃するとは「極端人」熊楠らしいと言えるが、我が子を思う気持ちは、世間の父母と変わらなかったようで、少しほっとする。

熊弥は、小学校のときは成績優秀だったが、中学校ではあまり振るわなくなる。また小学校の頃は、多少やんちゃなところもあったが、中学に入るとすっかり大人しくなった。熊楠同様、画才があり、美術学校を志望していた（『父 南方熊楠を語る』参照）。しかし結局、美術学校を受験することはなかった。熊弥は、中学卒業後、高知高校（現高知大学）を受験することになる。一九二五年三月十三日、熊弥は乗船し、まず大阪へ向かった。そして三月十四日、神戸から風波の激しい荒天に乗船し、三月十五日に高知に到着した。

「クマヤビョウキスグコイ」――熊楠がこの電報を受け取ったのは三月十五日の夜七時だった。高知から自宅へ帰って来た熊弥は、精神錯乱を起こしていた。原因ははっきりとはわからない。ただ熊楠は、熊弥は病み上がり（この頃家族中が流行性感冒に罹っていた）で、体調が万全ではない上、荒天の中船旅をしたせいではないかと言っている。またこの頃、熊楠は弟常楠と「南方植物研究所」の寄附金をめぐり、もめていたので、このことが熊弥の心労になっていたのかもしれない。また近年、飯倉照平によって、当時熊弥が、女性のことで何かしら非難され、そのことに敏感に反応し悩んでいたことが明らかにされている（『南方熊楠――梟のごとく黙坐しおる』）。

熊楠と書簡上でやりとりのあった中村古峡《なかむらこきょう》（一八八一～一九五二年、精神科医）は、熊弥の症状は「Dementia Praecox（早発性痴呆《ちほう》症、今の統合失調症）」ではないかと、精神科医としての見解を冷静に述べている。統合失調症とは、ごく簡単に説明すると、被影響体験（自分の一切の行動が他者によって操られていると感じてしまうこと）や思考伝播《でんぱ》（自分〔他者〕の考えが全て他者〔自分〕に筒抜けになっていると感じること）、関係念慮《ねんりょ》（周囲の出来事や他人の行為全てが自分に向けられていると感じること）などを主な症状とするもので、その決定的な要因は、現在でも明らかにされていない。

熊弥はしばらく自宅で療養していた。大人しいときもあれば、手が付けられなくなるほど暴れるときもあった。そしてあるとき、熊弥は、二百枚以上にも及ぶ熊楠が描きためていた「粘菌図譜」を、全て破り捨てたと言われている。しかしこの点に関しては、異論を唱える研究者もいる。例えば、長谷川興蔵《はせがわこうぞう》（一九二四〜九二年、『全集』の編集、『日記』の校訂を行った熊楠研究の権威）と中沢新一は対談で、以下のように述べている。

長谷川：……粘菌図譜はまず間違いなく最初は熊弥さんが相当破棄したんだろうと思います。ただ、ご当人が、つまり南方熊楠自身が破棄するという意図がない限りは、あんなに何もかも残らないはずはないんです。
中沢：あれを熊弥さん一人で全部破棄するには超人的な体力が要るでしょう。
長谷川：体力と専門的知識が要る。
中沢：偏執狂的な丹念さも必要です。あの頃の熊弥さんの精神状態からすると、こういうことはできないんじゃないかと、僕も秘《ひそ》かに疑いを抱いていました。
長谷川：熊弥さんの事件がショックになって、南方さん自身が破棄したんだと思いますね。でなければ、いくら探しても一枚もないはずはない。（「南方学の基礎と展開」）

現在のところ、この粘菌図譜がどのようなものだったかはよくわからない。それは現存している、熊楠が昭和天皇へ献上した彩色図から推し量るよりほかにない。

文枝は、以下のように述懐している。

両親の大きな期待も空《むな》しく、【兄熊弥は】若くして病を得、長い年月療養生活を送る身となりました。父の落胆、母の嘆きは何物にも譬《たと》えようなく、このとき私ははじめて父の涙を見ました。（『父 南方熊楠を語る』）

熊楠の落胆には計り知れないものがある。熊弥はその後、一九二八年に京都の岩倉《いわくら》病院に入院、一九三二年に退院して、海南市藤白の借家で療養生活に入った。岩倉病院は、一八八四年に私立岩倉癲狂《てんきょう》院として設立され、一九四五年に閉院となるまで、京都府下でも有数の精神科医療病院であった。藤白には、熊楠の守護神たる藤白王子社の大楠があった。熊楠は幼い頃、重い病に罹ったとき、ここに参って回復した（第1章第1節参照）。熊楠にとって、藤白王子社が最後の頼みの綱だったのかもしれない。熊楠はこの間、熊弥に一度だけ会いに行っている。しかし、日記によると、熊楠が熊弥と会話を交わした形跡は見られない。

何とか回復することを願って、熊楠は動物図鑑などを熊弥へ与えたりしたが、熊弥はついに快癒することなく、五十三歳でこの世を去った。

娘文枝のこと――熊楠の助手、「語り部」として

一九一一年十月十三日、長女文枝は誕生した。熊弥の誕生から四年後のことである。「文枝」という名前に関して、熊楠は、

予は、姉が熊、妹が藤枝、従妹に藤と熊枝、従弟に藤楠、それから楠を名のる兄弟五人、悴は熊弥、娘は藤枝、熊枝とつけんにも、すでに同名が一族にあるゆえ、せめて枝だけ保留して文枝と名づけた。（「トーテムと命名」、『全集』三巻）

と述べている。文枝は、田辺高等女学校を卒業後、父熊楠の助手を務めた。眼の悪くなりはじめた父に代わって、顕微鏡を使いキノコの写生を行ったりもした。文枝は、喜多幅が設立した産婆看護婦養成所に通い、看護婦学試験に首席で合格していたが、結局看護婦になることはなく、父のもとにとどまった。熊楠の死後、一九四六年、岡本清造《おかもとせいぞう》（一九〇三～七九年、漁業経済学者、日本大学経済学部教授。乾元社版『南方熊楠全集』の編集や南方熊楠記念館設立に尽力した）と結婚。文枝は、母松枝とともに熊楠の残した膨大な資料・標本を守り、資料調査に対して長年にわたって献身的に貢献した。その功績に対し、一九九二年十一月二日、田辺市文化賞

が授与された。二〇〇〇年死去。享年八十八。
熊楠を最も身近で見てきた文枝の言葉からは、熊楠の素顔を垣間見ることができる。家庭での熊楠は、熊弥同様、文枝も大変可愛がったようだ。

父【熊楠】は起床すると枕辺の鉄アレイを持って、かけ声よろしく面白い恰好《かっこう》で体操をするのが常でした。それが終わると、「文枝おいで、ヨイトコヨイトコをしよう」と言うんです。ヨイトコヨイトコとは、父の両足の甲に小さな私の足をのせて、私は父の両腕を持ち、互いに調子をとり、ヨイトコヨイトコと唄いながら座敷中を所狭しと歩き廻るんです。これは私の楽しみの一つでした。（『父 南方熊楠を語る』）

ここには、ごく普通の仲のよい父娘の姿が見られる。また熊楠は、しばしば美しい粘菌を家族にも見せてくれたという。

粘菌できれいなのがあると、とても喜びました。「きれいだな、よく自然にこんな色が出たものだ」と家内じゅうを呼びまして、顕微鏡を一人一人の度に合わせて見せてくれました。粘菌は始終活動を続けており、紫色のを見せてもらったときはほんとうにその美しさに魅せられました。そして飽きもせず自然科学に精進する父の執念もわかるような気がしました。（『父　南方熊楠を語る』）

文枝は、熊楠の晩年の高弟雑賀貞次郎と野口利太郎《のぐちりたろう》（一八八七〜一九七七年、陶芸品販売業）についても、語っている。熊楠は、雑賀が「もっとも親しく、お気に入り」だったという。

父への来訪者は、二、三日近所の宿にお泊めして、まず雑賀さんを差し向け雑談などした後、何の用件で来られたのかなど様子をさぐり（笑）、「試験」に合格すれば翌日雑賀さんの案内で家にお呼び致し、お目にかかるのでした。（『父　南方熊楠を語る』）

来客が熊楠に会うためには、まず雑賀に用件などを話さなければならなかった。雑賀は、熊楠への面会の窓口的存在だった。

野口利太郎さんも父にとっては大切な友人でした。…（中略）…雑賀さんとともにずっと出入りして下さいまして、御遠来のお客さまがあればすぐ来て下さって、自分の責任のように何事も受け持って下さいまして、私どもも大いに助かったものです。病兄熊弥の入退院なども責任をもってお世話下さいました。（『父　南方熊楠を語る』）

野口は、入院している熊弥にしばしば会いに行き、そのときの様子を熊楠に伝えている。雑賀・野口は、晩年の熊楠の手となり足となり働いた。

これまでに何度か出てきた、喜多幅武三郎と熊楠は、文枝によると、「二人は実の兄弟のよう」で、いつもわがままな熊楠を、喜多幅がリードするような関係だったという。第5章第1節で触れた毛利清雅も熊楠と親しく関わった友人の一人である。毛利は、熊楠が神社合祀反対運動の際、論陣を張った『牟婁新報』の主筆・社長として、熊楠をサポートした。毛利が県会議員に立候補したときは、熊楠は推薦状を自筆で何枚も書いた。このように二人は、持ちつ持たれつの良い友人だった。

文枝による回想録、文枝へのインタビューからは、照れ屋で繊細、寂しがり屋で子供好きの父熊楠の様子がよく伝わってくる。

就職の誘いと「南方植物研究所」

熊楠は、生涯定職に就くことはなかった。とはいえ、全く就職の誘いがなかったわけではなかった。例えば、真言宗高等中学林（現種智院《しゅちいん》大学）の教授職の誘いである。一八九八年、土宜法龍が中心となって設立されたこの学校へ来てくれないかとの声が熊楠にかかった。しかし熊楠は、小生少々一身上の都合有之、只今と申しては御受けは全然とは致し難く候。（土宜法龍宛書簡、一九〇二年三月十七日、『高山寺資料』）

と、この話を断っている。ここで熊楠の言っている「一身上の都合」とは、具体的に何かはわからない。また同時期に、早稲田大学（弟常楠の母校）からの教職の誘いもあったようだが、これも断っている。大隈重信《おおくましげのぶ》（一八三八～一九二二年、早稲田大学創設者）は、常楠を通じて熊楠に打診したようだが、熊楠はとりあわなかった。さらに、アメリカ農務省のスウィングル（Walter Tennyson Swingle、一八七一～一九五二年、植物学者）は、熊楠に渡米して、ワシントンで働かないかと勧誘してきた。以下のような手紙が、スウィングルから届いている。

思い切って貴兄【熊楠】にお尋ねしてみたいことがあります。もし私が思い描くような調査のためにすべての時間を費やしていただけるとするならば、どのくらいの給料をお支払いすればよいでしょうか。そして、そのためにワシントンまで来ていただくお気持ちはありますか、それとも日本か中国で仕事をされることを望まれるでしょうか。（松居竜五他『南方熊楠大事典』「スウィングル」の項）

しかし、熊楠は渡米を断った。一九〇九年のことである。ちょうど熊楠が、神社合祀反対運動を始めた頃であった。また、熊楠は渡米を固辞した理由を、以下のように述べている。

米国よりは毎度招かるるも、小生かの国人を大嫌いにて行く気にならず。加うるに、妻は一向の国粋風の士族の娘にて、第一肉類を食うことができず、小生外国へ行かばずいぶん金はできるべく候も、家内つれ得ずでは家事経済まるで立たず、また大酒を飲みて人を傷つけるぐらいのことに終わるべく候。(柳田國男宛書簡、一九一三年十二月二十七日、『全集』八巻)

熊楠は、渡米しない理由を、自分がアメリカ人が嫌いな上、妻松枝が「肉類を食うこと」ができないためだと述べている。そして、自分は妻がいないと全く家事もお金の管理もできないこと、最終的には酒を飲んで喧嘩して帰国することになるだろうということなど、冷静に自己の欠点を見つめ述べている。一九一五年、スウィングルは熊楠に会うために、田辺を訪れている(この時、熊楠はスウィングルに神島を案内している)。この際も熊楠に渡米を促したようだが、やはり熊楠は固辞した。

熊楠は、数度にわたる就職の誘いを断った。しかし、もし熊楠が就職したとしても、彼はすぐに辞めていたのではないだろうか(アメリカで学校をすぐにドロップアウトしたように)。世間的な規則に馴染めない熊楠が、そのことは一番よく理解していた。

熊楠の代わりに、アメリカ農務省で働くことになったのは、田中長三郎《たなかちょうざぶろう》（一八八五～一九七六年、農学者、柑橘類学者《かんきつるい》）だった。田中と熊楠には交流があり、両者の間で、一九二一年頃、「植物研究所」の設立が具体化していく。しかし二人の間には、次第に溝ができていく。まず、田中が渡米中に「植物研究所」の基金で植物関係の稀書を購入しようとしたことに、熊楠が不信感を抱いた。一方田中は、自分の知らないうちに「植物研究所」が「南方植物研究所」になっていたことに激怒した。こうして両者は疎遠になっていくが、この「南方植物研究所」設立計画自体はいつの間にか、どんどん展開していった。熊楠は、一九二二年三月から八月まで東京で（この間、日光へ採集旅行も行った）、募金活動を行った。発起人には、原敬《はらたかし》内閣総理大臣、徳川頼倫《よりみち》侯爵（紀州徳川家当主。史蹟名勝天然記念物の保存に尽力し、私設図書館の南葵《なんき》文庫を設立した。ロンドン滞在時、熊楠が大英博物館などを案内したこともある）、土宜法龍高野山座主《ざす》、大隈重信侯爵など錚々《そうそう》たるメンバーが揃《そろ》った。熊楠は、政界・財界の重鎮らと苦手な面会を重ね、総額で三万五千円もの寄附金が集まった。当時の一円が現在の大体四千円の価値があるとすると、三万五千円とは、現在の一億四千万円くらいである。しかし、発起人にも名を連ねた弟常楠からは、予定されていた二万円の寄附金は払われなかった。常楠は、熊楠の家屋・宅地の購入代や、熊楠が上京した際の旅費・滞在費なども払っていた。しかし熊楠の中では、それらの資金は寄附金には含まれていなかった。熊楠と常楠の対立から、結局「南方植物研究所」は夢と消えた。

3　晩年の夢――夢日記

生と死のあいだとして位置づけた夢の世界

熊楠が夢に関心を持っていたことは、本書の中で何回か述べた。熊楠による日記における夢の記述は一八八八年六月十六日に始まり、一九四一年十一月三十日まで続く。第1章第3節で述べた通り、それは羽山兄弟（繁太郎・蕃次郎）に始まり、羽山兄弟に終わる。

熊楠は、この夢という事柄について、以下のように述べている。

> 扨烏羽玉《さてうばたま》の『夢』てふ物は死《し》に似て死《し》に非《あら》ず生に似て生に非ず、人世と幽界《ゆうかい》の中間に位する様な誠《まこと》に不可思議《ふかしぎ》な現象で種々雑多《ざった》の珍《めづら》しい問題が夢に付て断《た江》ず叢《むらが》り居る。（「夢を替た話」〔南方先生百話〕」、南方熊楠顕彰館所蔵、ルビは原典のママ）

熊楠は、夢というものは、人世（現世）と幽界（あの世）とのあいだにあるようなものだと言う。そしてそこでは、さまざまな不思議な現象が起こるのである。まるでそこは、生の世界と死の世界の空気が混じり合う、そして二つの世界の「通路」たる那智山のようである。

熊楠にとって夢とは、死者と出会う場所でもあった。熊楠は、在外中に亡くなった父や母、そして夭逝した「深友」羽山兄弟と夢で出会っていた。さらには、何度か予知的に、友人・知人の死を夢で見ている。

以下に挙げる日記は、熊楠が「夢うつつ」の状態で、危うく友人を斬りつけるところで正気になったという記述である。

一九〇五年三月十八日［土］
南部《みなべ》の坂井屋等ぬし惣《そう》へ来る。
午下川島《ごかかわしま》氏招きビール飲むこと十二本斗り、それより夕に到り、ぬし惣の宿帳面三四もち田所八穂蔵氏を訪、右の帳の表紙へ陰茎を画く。大にあわて下女とりに来り、渡す。二葉より酒一本ビール三本とり飲む。小光一時間にして去る。川島も去り戸田氏へ之く。予は広畠喜之助《ひろはたきのすけ》氏方に臥す。此内川島、戸田氏と来り予のそばに話す。予之を田所秀穂《ひでほ》氏多人数つれ来り予を殺んとすると夢み、闇の中に刀を持ち（三尺余）隣家の庭に忍び、又四季屋（角力取《すもうとり》多くのみあり）に入んとせしが止め、ひそかに広畠岩吉氏方後庭より忍び入り、相手を切んとするとき、店の灯光に気付ば、川島、戸田（画字をガラスにかきあり）及岩吉氏あり、刀を闇中柱にさやのまゝ立かけたるが好く気付、正気に復す。喜之助氏帰り入り来り刀持ち去る。喜之助氏に宿す。（『日記』三巻）

熊楠は、（酔い潰《つぶ》れたのであろうか）友人広畠喜之助のところ（料亭「二上《にあが》り亭」）で寝ていた。そして、飲み友達の田所秀穂が来て、熊楠を殺そうとする夢を見た。さらに熊楠は闇中、隣家に身を潜め、田所を斬ろうとしている。店の灯光で正気に戻ったようだ。この記述は、田所が熊楠を殺そうとするところまでが夢なのか、熊楠が田所を斬りつけようとして正気に戻るまでが夢なのか、非常にわかりづらい。おそらく熊楠自身もどこまでが夢なのか、どこまでが現実なのかがわからず、混乱していたのではないだろうか。ともかく、もう少し正気に戻るのが遅かったら、事態は夢で済まなかったかもしれない。そして、熊楠自身もそのことを自覚していたに違いない。熊楠は、夢の世界から現実世界へ戻ってくることが、時に困難になることがあった。だから熊楠は、夢の世界の特徴と、現実世界のそれとの相違を、明確に把握しておく必要があったのだ。つまりそれは、現実世界への退路の確保と言える。両者が不鮮明な状態にいると、この日記に見られるように、熊楠は、他者を傷つけかねなかった。最悪の場合、他者を殺しかねなかったのである。今、自分がいる場所はどこなのか（夢なのか現実なのか）——熊楠は、それを常に意識しなければならない人間であった。

熊楠は、しばしば現実と夢とを混同することがあった。そのような熊楠は、以下のように自身のことを「夢のような人物」と呼ぶ。

しかして今、熊公かかる夢の国におりて、夢影《むえい》を尋ね、夢事《ゆめごと》を夢魂《むこん》に訴えて止まず。昔時《せきじ》、夢の場のちょんの間の楽しみを思い寝のあまり、夢よりはかなき夢中の人に遇《あ》い、いきそうなところで寤《さ》めたりとて、さらにその夢たりしを恨む。熊公は、これ夢中夢を説くの痴人、夢のような人物なるかな。（中松盛雄《なかまつもりお》宛書簡、一八九二年八月初旬ごろ〔推定〕、『全集』七巻）

熊楠は、「夢の国」で「夢よりはかなき夢中の人（おそらくここでは亡くなった羽山繁太郎のこと）」に会い、intimateな関係を結んだ。しかし、完全に忘我する直前でその夢は覚めたようだ。しかし「夢中夢を説くの痴人」であった熊楠は、夢から本当に覚めていたのか。実は、熊楠はずっと「夢の国」にいたのかもしれない。つまり熊楠は、本当の現実世界にはおらず、常にこの世とあの世とのあいだ（あるいは両者が混在する場）にいたのではないだろうか。

天井に咲く紫の花と縁の下で死んだ白い小鳥について

一九三八年十二月九日、盟友毛利清雅が亡くなった。脳溢血《のういっけつ》であった。一九四〇年十月二十三日、飲み仲間で熊楠の採集・写生（彩画）活動にもよく協力してくれた川島友吉《ともきち》（号草堂《そうどう》、一八八〇～一九四〇年。田辺在住の日本画家。熊楠に負けず劣らずの酒豪であり、また奇行の多い人物だった）が胃潰瘍《いかいよう》で亡くなった。そして喜多幅武三郎も、脳溢血で一九四一年三月十日、亡くなった。熊楠の周りの友人は次々と亡くなり、熊楠は「甚《はなは》だ心細く」なり「途方にくれ」ていた。特に、喜多幅の死はショックが大きかった。喜多幅の葬式の日、熊楠は「今日一日は喜多幅君の冥福《めいふく》を祈るのだから誰も来るな」と言って書斎に籠もりっきりだったという（南方文枝『父 南方熊楠を語る』）。

熊楠は、すっかり元気をなくしていたこの頃、萎縮腎《いしゅくじん》（腎臓が小さく硬くなる症状）を患っており、自身の死も近いことを、どことなく自覚していた。文枝に「昭和十六年十一月十六日神田神保町一誠堂書店より購収、娘文枝ニ与フル者也、南方熊楠」と記した『今昔物語』を手渡した。

「何も残してあげられないが、これだけは私の娘である証拠に大切に持っているように」と、わざわざ東京から取り寄せた『今昔物語』を遺品として渡された。……（中略）……父としては、これからますます烈《はげ》しくなるであろう戦局に際し、この田舎とて戦火に家を失い、どこの地に落ちのびなくてはならないかもしれないようなとき、この一冊を持っておれば熊楠の娘であることが分って、誰か職をあたえてくれるであろう、との配慮からであった。
（南方文枝『父 南方熊楠を語る』）

万が一、戦争などによってどこかへ落ちのびたとき、「熊楠の娘」ということが証明できれば、誰かが手を差し伸べてくれることがあるかもしれない、という熊楠なりの配慮だった。この翌月、十二月八日に日本軍が真珠湾を攻撃し、太平洋戦争の火蓋《ひぶた》が切られた。

熊楠は、死の一年ほど前から「自分の乳母がいつも夢に出てくる」と言いはじめたという。熊楠の日記における夢に関する記述は、以下の一九四一年十一月三十日、羽山繁太郎が出てくるものが最後である。

一九四一年十一月三十日［日］
朝三時過頃？　羽山繁太郎方に多く老兵如き者集まり賑はふ。野尻貞一氏及ひ故森栗菊松氏もありと夢む。それより久しく眠らず臥し居り。八時に起く。（未刊行日記）

十二月に入って、熊楠の病勢は急に進行しはじめ、肝硬変による黄疸《おうだん》の兆しも見え出した。その後、日記は十二月一日、二日、三日、六日、十一日、十二日と書かれ終わっている。十二日は、日中の出来事の記述はなく、発信の欄に、書籍の注文内容が書かれているのみである。

十三日以降は、身近な人たちの話から熊楠の夢を知ることができる。娘文枝によると、亡くなる一週間ほど前は、ロンドン時代の夢が多かったようだ。青年期に大英博物館に通いつめた日々は、熊楠にとって忘れ難いものだったのであろう。熊楠は、最後の最後までロンドンに帰りたいと願っていたという。

野口利太郎は、臨終の熊楠が見た夢について、以下のように述懐している。

【熊楠】先生は御臨終の二、三日前、眠りより覚めて令嬢文枝さんに、今夢の中で常楠とチャンバラ（是れは先生の生マの声）をやって顔を切られたが、血が流れてないか、とお聞きになったとの事であった。（「南方兄弟の関係について」）

「南方植物研究所」の寄附金をめぐる問題がきっかけで、熊楠と弟常楠は最期まで絶縁状態であった。この夢は、熊楠が常楠という肉親に裏切られたという思いから生み出されたものなのであろうか。強情な熊楠であれば、そう言うかもしれない。しかし、野口の見解は異なる。

そこで私は、先生は衷心から常楠氏を憎んでいなかったという常々からの見解をもとに、前項にあげた常楠氏とのチャンバラの件についても、たとえ夢中とはいえ、顔を切られたということは、とりも直さず常楠よ永らく迷惑をかけた、許して呉《く》れという、先生が今生に遺した最後のことばの一つとして受取られたき旨を述べた次第であった。（「南方兄弟の関係について」）

野口が言うように、この夢は、熊楠の心の中で、常楠との和解を暗にほのめかすものだったのか。それは、私たちには永遠にわからないものであろう。ともかく、熊楠は自分の命が尽きようとしているとき、常楠との関係を夢の中で整理しようとしていた。

遺言状を書いたり、身辺を整理したりすることなく、熊楠は亡くなった。多くの人々は、遺言状や身辺整理を通して心の中を整理し、亡くなっていく。過去を思い出し、周りの人々に感謝し、気がかりなことを残った人々に託して旅立っていく。しかし熊楠は、夢の中でそれを行っていたように思われる。日記に最後に記された夢は、熊楠の生涯の「深友」羽山繁太郎、大学予備門時代よく一緒に採集に出かけた友人野尻貞一、家族ぐるみで付き合いのあった熊楠宅の向かいに住んでいた森栗菊松に関するものであった。

文枝によると、熊楠は臥床で以下のように言ったという。

今すでに意識朦朧《もうろう》とした脳裡《のうり》に過ぎし日のことを想い出したのか、「天井に紫の花が一面に咲き実に気分が良い。頼むから今日は決して医師を呼ばないでおくれ。医師が来ればすぐ天井の花が消えてしまうから」と懇願した。（南方文枝『父 南方熊楠を語る』）

熊楠が、その人生において最も輝いた日、それはやはり一九二九年六月一日の御進講の日であった。この日は、熊楠を祝福するがごとく、庭の藤紫色の花（棟《おうち》〔センダン〕の花）が咲き誇っていたという。熊楠は、この人生最高の日を、朦朧とした意識の中で思い出していたのであろう。

熊楠のデスマスク
写真提供：南方熊楠顕彰館

十二月二十九日深夜二時頃、熊楠は「文枝、文枝」「野口、野口」と大きな声で叫んだ。つい最近まで、これは「熊弥、熊弥」「野口、野口」が定説となっていたが、文枝の日記には「熊弥」の文字は見当たらず「文枝、文枝」であったことがわかっている。熊楠は、長年研究の手伝いをしてくれた文枝に感謝の言葉を述べたかったのであろう。また、先述したように、野口は熊弥の入退院のことなど大変よく面倒を見ていたので、「野口、野口」は、熊楠が野口に「熊弥のことをよろしくたのむ」ということを伝えたかったのだと思われる。熊楠は、最期まで熊弥のことが気がかりだった。

そして夜に入り、「私はこれからぐっすり眠るから誰も私に手を触れないでおくれ。縁の下に白い小鳥が死んでいるから明朝手厚く葬ってほしい」と謎の言葉を残し、「頭からすっぽり自分の羽織をかけておくれ。では、おまえたちもみんな間違いなくおやすみなさい。私もぐっすりやすむから」と言った。（南方文枝『父 南方熊楠を語る』）

この言葉を残し、一九四一年十二月二十九日朝六時半、熊楠は逝《い》った。

この謎の言葉は、いったい何を意味しているのだろうか。「……ほしい」というからには、願いであり、死の間際の願いということを鑑《かんが》みれば「遺言」と考えてよいかもしれない。熊楠は夢を見ていたのだろうか。それとも「那智隠栖期」のときのように、「幽体離脱」して（自らの首だけ浮遊して）縁側をのぞいてきたのであろうか。熊楠は、家屋ではなく「縁の下」、そこに「白い小鳥」がひっそりと死んでいると言った。そして「手厚く葬ってほしい」と加えた。これは、もはや回復の見込みがなく、借家で療養中の息子熊弥のことだったのではないだろうか。

夢に出てくる小鳥や小動物は、守るべきあるいは守りたい人の象徴とも言われている。そして、白色は純粋、無垢と同時に体調不良や病を象徴すると言われることがある。十七歳という、まさにこれから世に羽ばたこうというときに、熊弥は発病した。羽ばたけない小鳥は、いまやひっそりと海南市藤白の借家で療養中である。熊楠はそんな熊弥を思って、自分の亡き後も、熊弥を、彼が死ぬまで「手厚く」看病してほしいと願ったのであろう。

熊楠が息を引き取った日の夜、彫刻家の保田《やすだ》龍門《りゅうもん》（一八九一〜一九六五年）によって、デスマスクがとられた。そして生前からの本人たっての希望通り、熊楠の脳髄は解剖され大阪大学医学部に保存されることになった。脳の重さは千四百二十五グラム。成人の平均（千三百〜千四百グラム）より少し重い程度であった。しかし、脳溝《のうこう》（脳のしわ）は非常に深く刻まれていた。

遺骨は、真言宗高山寺（現田辺市稲成町《いなりちょう》）の墓地に埋葬された。すぐ近くには、喜多幅の墓がある。ここからは、熊楠が愛した神島が一望できる。

おわりに

本文でも紹介したが（第6章第1節）、筆者には、やはり柳田國男のこの言葉が、熊楠を最も端的に表しているように感じられる。

我が南方先生ばかりは、どこの隅を尋ねて見ても、是だけが世間並《な》みといふものが、ちよつと捜し出せさうにも無いのである。七十何年の一生の殆と全部が、普通の人の為し得ないことのみを以て構成せられて居る。私などは是を日本人の可能性の極限かとも思ひ、又時としては更にそれよりもなほ一つ向ふかと思ふことさへある。（「南方熊楠」）

熊楠ほど「世間並み」という言葉が似合わない人物はいない。私たち世人は、熊楠のように、ずば抜けた記憶力と集中力をもって書物に没入したり、身体全体を通じて自然の神秘を感じたりしたいと思う。我々は、対象へ一体化するほど極端に接近できる熊楠に対して、ある種の憧《あこが》れさえ抱く。しかし、熊楠にとっては、それは「当たり前」の事柄であって、むしろ、対象と「適当な距離」をいかにとるかのほうが大事であった。端的に言うならば、熊楠は、この「適当な距離」をいとも簡単にとっている世人になりたかった。そして、なれなかったのである。

熊楠を「日本人の可能性の極限」たらしめているのは「極端な距離」である。しかし、この「極端な距離」にいる者は、往々にして異常者とされる。事実、熊楠も奇人・変人と呼ばれていた。しかし、本当に、「適当な距離」を保っている者が正常者で、「極端な距離」を保っている者は異常者なのだろうか。それは、ただ大多数（マジョリティ）が決めた事柄であって、事態はむしろ逆なのかもしれない。「極端人」熊楠は、この世とあの世との「通路」に立つことができた。ここに立つためには、ある意味において自己を放棄しなければならない。そして、自己がほとんど見えなくなった結果として見えてくる（いや感得できる）ものがある。それは、言語などでは表現しつくせない、まさに「サムシング・グレート」である。自己に囚われ、他者との区別を明らかにすることに躍起になる現代人は、この生命の根源的な場からの力を感じ取ることができなくなってしまっている。——これこそ異常な事態ではないか。

熊楠の在り方は、私たちの常識を揺さぶる。また、熊楠による「大日（大不思議）」に関する言葉は、我々に、視覚化・対象化不可能な「生命そのもの（根源的な場）」を思索するための重要な手掛りを与えてくれる。熊楠は、私たちにとってあまりにも近くにありすぎて見落としているものを気付かせてくれる。それは「適当な距離」とは何かということであり、「根源的な場（自然そのもの・生命そのもの）」とは何かということでもある。

「はじめに」で述べた通り、本書は単なる熊楠の詳細な伝記本ではない。筆者が述べたかったのは、「極端人」熊楠による自己および他者への接し方と、その際の在り方である。「詳細な伝記本ではない」という意味では、読者の期待に添えなかった部分があるかもしれない。しかし、本書を通じて筆者は、熊楠の在り方の特異性（そしてそれは、実は決して異常ではなく普遍性を持っていること）を明らかにできたと自負している。

南方熊楠の思想と在り方は、科学技術への信頼が大きく揺らぎ、個人と個人、個人と全体（自然そのもの・生命そのもの）との関係が問われている現代の私たちに、きっと大きな示唆を与えてくれるはずである。

本書を執筆するにあたり、早稲田大学社会科学総合学術院の那須政玄教授、小山慶太教授には、大変お世話になった。お二人は、いつも私の進捗状況などを気にしてくださり、また何度も激励のお言葉をくださった。本書を執筆していた約二年間、いつも昼休みに、那須教授の研究室でコーヒーを飲みながら話をすることが、私の唯一の楽しみでもあった。そして、何気ない会話であっても、先生の言葉の端々からは、本書執筆におけるさまざまなヒントを得ることができた。

最後に、毎回適切な助言をしてくださり、スムーズに本書完成へと導いてくださった中公新書編集部の小野一雄氏にあらためて御礼申し上げたい。

二〇一五年四月

唐澤太輔

参考・引用文献

南方熊楠著、岩村忍・入矢義高・岡本清造監修、飯倉照平校訂『南方熊楠全集』第一～十巻、別巻一、二、平凡社、一九七一～七五年
南方熊楠著、長谷川興蔵校訂『南方熊楠日記』第一～四巻、八坂書房、一九八七～八九年
南方熊楠著、奥山直司・雲藤等・神田英昭編『高山寺蔵 南方熊楠書翰 土宜法龍宛一八九三―一九二二』藤原書店、二〇一〇年

新井勝紘「アメリカで発行された新聞『大日本』考――南方熊楠、福田友作、茂木虎次郎、堀尾権太郎、粕谷義三」、『田中正造とその時代』第三号、一九八二年十月
飯倉照平編『南方熊楠 人と思想』平凡社、一九七四年
飯倉照平・長谷川興蔵編『南方熊楠 土宜法龍 往復書簡』八坂書房、一九九〇年
飯倉照平・長谷川興蔵編『南方熊楠百話』八坂書房、一九九一年
飯倉照平監修、松居竜五・田村義也・中西須美訳『南方熊楠英文論考――「ネイチャー」誌篇』集英社、二〇〇五年
飯倉照平『南方熊楠――梟のごとく黙坐しおる』ミネルヴァ書房、二〇〇六年

飯倉照平「テンギャンと書物」（中瀬『別冊太陽　南方熊楠』二〇一二年所収）
大賀祥治編『キノコ学への誘い』海青社、二〇〇四年
岡倉登志『ボーア戦争』山川出版社、二〇〇三年
奥山直司「土宜法龍と南方熊楠」（松居他『南方熊楠の森』二〇〇五年所収）
笠井清『南方熊楠』吉川弘文館、一九六七年
唐澤太輔『南方熊楠の見た夢――パサージュに立つ者』勉誠出版、二〇一四年
楠本秀男「高野のひと月」（飯倉他『南方熊楠百話』一九九一年所収）
神坂次郎『縛られた巨人――南方熊楠の生涯』新潮文庫、一九九一年
後藤正人『南方熊楠の思想と運動』世界思想社、二〇〇二年
近藤俊文『天才の誕生――あるいは南方熊楠の人間学』岩波書店、一九九六年
雑賀貞次郎「南方熊楠先生を語る」（飯倉『南方熊楠　人と思想』一九七四年所収）
雑賀貞次郎『追憶の南方先生』紀州政経新聞社、一九七六年（松居他『南方熊楠を知る事典』一九九三年所収）
雑賀貞次郎「南方先生の出自と少年時代」未発表草稿（飯倉『南方熊楠　人と思想』一九七四年所収）
渋沢敬三「南方熊楠全集上梓のいきさつ」（飯倉他『南方熊楠百話』一九九一年所収）
『新文芸読本　南方熊楠』河出書房新社、一九九三年
杉村楚人冠「三年前の反吐」（飯倉他『南方熊楠百話』一九九一年所収）
扇谷明「南方熊楠のてんかん――病跡学的研究」、『精神神経学雑誌』第百八巻第二号、二〇〇六年
武内善信「南方熊楠におけるアメリカ時代――『大日本』の再検討を通して」、『熊楠研究』第三号、

二〇〇一年三月
田村義也「南方熊楠と『Nature』誌」、『科学』第八十三巻第八号、二〇一三年八月
鶴見和子『南方熊楠――地球志向の比較学』講談社学術文庫、一九八一年
鶴見和子『南方熊楠・萃点の思想――未来のパラダイム転換に向けて』藤原書店、二〇〇一年
ディキンズから熊楠へ送られた手紙（一九〇八年一月八日）、未公刊（松居他『南方熊楠を知る事典』一九九三年所収）
〔史料〕土宜法龍宛南方熊楠書簡」武内善信紹介、『和歌山市立博物館研究紀要』第二十五号、二〇一〇年
中沢新一『森のバロック』せりか書房、一九九二年。講談社学術文庫、二〇〇六年
中沢新一・長谷川興蔵「南方学の基礎と展開」（『新文芸読本　南方熊楠』一九九三年所収）
中瀬喜陽・長谷川興蔵編『南方熊楠アルバム』八坂書房、一九九〇年。新装版、二〇〇四年
中瀬喜陽監修『別冊太陽　南方熊楠――森羅万象に挑んだ巨人』平凡社、二〇一二年
中山太郎『学界偉人　南方熊楠』冨山房、一九四三年
野口利太郎「南方兄弟の関係について」、『くちくまの』第三十一号、一九七六年十二月（飯倉他『南方熊楠百話』一九九一年所収）
橋爪博幸「南方熊楠と現世肯定――新出の土宜法龍宛書翰にみられる「物」と「心」」、『文明と哲学』第三号、二〇一〇年
原田健一『南方熊楠――進化論・政治・性』平凡社、二〇〇三年
藤野正巳「福田友作ノート」、『田中正造とその時代』第四号、一九八三年夏

益田勝実「野の遺賢」（飯倉『南方熊楠　人と思想』一九七四年所収）
松居竜五・月川和雄・中瀬喜陽・桐本東太編『南方熊楠を知る事典』講談社現代新書、一九九三年
松居竜五・岩崎仁編『南方熊楠の森』方丈堂出版、二〇〇五年
松居竜五「ジャクソンヴィルにおける南方熊楠」、『龍谷大学国際社会文化研究所紀要』第十一号、二〇〇九年六月
松居竜五「南方熊楠の海外での活動に関する資料の収集と分析」、『龍谷大学国際社会文化研究所紀要』第十三号、二〇一一年六月
松居竜五・田村義也編『南方熊楠大事典』勉誠出版、二〇一二年
松居竜五「南方マンダラ」（中瀬『別冊太陽　南方熊楠』二〇一二年所収）
松居竜五「英国の新聞記事から見る南方熊楠のロンドン時代」、『龍谷大学国際社会文化研究所紀要』第十五号、二〇一三年六月
南方熊楠顕彰会学術部編『南方熊楠　平沼大三郎往復書簡［大正十五年］』南方熊楠顕彰館、二〇〇七年
南方文枝「父熊楠のプロフィール」、『郷土学習教材用映画「南方熊楠」解説・補充指導資料集』和歌山県教育委員会、一九七六年（飯倉他『南方熊楠百話』一九九一年再録）
南方文枝著、谷川健一他編『父 南方熊楠を語る』日本エディタースクール出版部、一九八一年
南方文枝・神坂次郎「父 熊楠の素顔」（『新文芸読本　南方熊楠』一九九三年所収）
南方文枝・谷川健一・中瀬喜陽『素顔の南方熊楠』朝日文庫、一九九四年
「南方文枝さんに聞く」諏訪敦彦聞き手、『熊楠研究』第三号、二〇〇一年三月

柳田國男「南方熊楠」（辰野隆編『近代日本の教養人――日夏耿之介博士華甲記念文集』実業之日本社、一九五〇年所収、飯倉他『南方熊楠百話』一九九一年再録）
山本幸憲編『南方熊楠・リスター往復書簡』南方熊楠邸顕彰保存顕彰会、一九九四年
山本幸憲「変形菌研究と南方熊楠」（松居他『南方熊楠の森』二〇〇五年所収）
Blacker, Carmen, 'Minakata Kumagusu : A Neglected Japanese Genius', *Folklore*, vol. 94(2), 1983.（カーメン・ブラッカー「南方熊楠――無視されてきた日本の天才」高橋健次訳、飯倉他『南方熊楠百話』一九九一年所収）
Caygil, Marjorie, *The Story of the British Museum*, British Museum Press, 1981.
Lister, Gulielma, 'Japanese Mycetozoa', *Transactions of the British Mycological Society*, vol. 5(1), 1914.（グリエルマ・リスター「日本産粘菌について」高橋健次訳、飯倉他『南方熊楠百話』一九九一年所収）

唐澤太輔（からさわ・たいすけ）

1978年（昭和53年），神戸市に生まれる．2002年，慶應義塾大学文学部卒業．2012年，早稲田大学大学院社会科学研究科博士後期課程修了．博士（学術）．早稲田大学社会科学総合学術院助教などを経て，現在，同大学国際言語文化研究所招聘研究員．2009年，論文「ひらめきと創造的活動のプロセス——南方熊楠の「やりあて」に関する考察を中心に」で涙骨賞，小野梓記念学術賞受賞．

専攻，哲学，生命倫理学．

著書『南方熊楠の見た夢』（勉誠出版，2014年）など

南方熊楠《みなかたくまぐす》
中公新書 2315

2015年4月25日発行

著　者　唐澤太輔
発行者　大橋善光

本文印刷　三晃印刷
カバー印刷　大熊整美堂
製　　本　小泉製本

発行所　中央公論新社
〒104-8320
東京都中央区京橋 2-8-7
電話　販売 03-3563-1431
　　　編集 03-3563-3668
URL http://www.chuko.co.jp/

Published by CHUOKORON-SHINSHA, INC.
Printed in Japan　ISBN978-4-12-102315-5 C1223

中公新書刊行のことば

いまからちょうど五世紀まえ、グーテンベルクが近代印刷術を発明したとき、書物の大量生産は潜在的可能性を獲得し、いまからちょうど一世紀まえ、世界のおもな文明国で義務教育制度が採用されたとき、書物の大量需要の潜在性が形成された。この二つの潜在性がはげしく現実化したのが現代である。

いまや、書物によって視野を拡大し、変りゆく世界に豊かに対応しようとする強い要求を私たちは抑えることができない。この要求にこたえる義務を、今日の書物は背負っている。だが、その義務は、たんに専門的知識の通俗化をはかることによって果たされるものでもなく、通俗的好奇心にうったえて、いたずらに発行部数の巨大さを誇ることによって果たされるものでもない。現代を真摯に生きようとする読者に、真に知るに価いする知識だけを選びだして提供すること、これが中公新書の最大の目標である。

私たちは、知識として錯覚しているものによってしばしば動かされ、裏切られる。私たちは、作為によってあたえられた知識のうえに生きることがあまりに多く、ゆるぎない事実を通して思索することがあまりにすくない。中公新書が、その一貫した特色として自らに課すものは、この事実のみの持つ無条件の説得力を発揮させることである。現代にあらたな意味を投げかけるべく待機している過去の歴史的事実もまた、中公新書によって数多く発掘されるであろう。

中公新書は、現代を自らの眼で見つめようとする、逞しい知的な読者の活力となることを欲している。

一九六二年一一月

中公新書 日本史 d4

現代史

中公新書

地域・文化・紀行

t1

- 285 日本人と日本文化 司馬遼太郎 ドナルド・キーン
- 605 絵巻物に見る日本庶民生活誌 宮本常一
- 201 照葉樹林文化 上山春平編
- 1921 照葉樹林文化とは何か 佐々木高明
- 299 日本の憑きもの 吉田禎吾
- 799 沖縄の歴史と文化 外間守善
- 2206 お伊勢参り 鎌田道隆
- 2298 四国遍路 森 正人
- 2155 女の旅―幕末維新から明治期の11人 山本志乃
- 2151 国土と日本人 大石久和
- 1810 日本の庭園 進士五十八
- 246 マグレブ紀行 川田順造
- 1009 トルコのもう一つの顔 小島剛一
- 1408 イスタンブールを愛した人々 松谷浩尚
- 1684 イスタンブールの大聖堂 浅野和生
- 2126 イタリア旅行 河村英和
- 2071 バルセロナ 岡部明子
- 2122 ガウディ伝 田澤 耕
- 2169 ブルーノ・タウト 田中辰明
- 2032 ハプスブルク三都物語 河野純一
- 1624 フランス三昧 篠沢秀夫
- 1634 フランス歳時記 鹿島 茂
- 2183 アイルランド紀行 栩木伸明
- 1670 ドイツ 町から町へ 池内 紀
- 1742 ひとり旅は楽し 池内 紀
- 2023 東京ひとり散歩 池内 紀
- 2118 今夜もひとり居酒屋 池内 紀
- 2234 きまぐれ歴史散歩 池内 紀
- 2290 酒場詩人の流儀 吉田 類
- 1832 サンクト・ペテルブルグ 小町文雄
- 2096 ブラジルの流儀 和田昌親編著
- 2160 プロ野球復興史 山室寛之

地域・文化・紀行

t2

2194 梅棹忠夫―「知の探検家」の思想と生涯　山本紀夫
560 文化人類学入門（増補改訂版）　祖父江孝男
741 文化人類学15の理論　綾部恒雄編
92 肉食の思想　鯖田豊之
2129 カラー版 地図と愉しむ東京歴史散歩　竹内正浩
2170 カラー版 地図と愉しむ東京歴史散歩 都心の謎篇　竹内正浩
2227 カラー版 地図と愉しむ東京歴史散歩 地形篇　竹内正浩
2012 カラー版 マチュピチュ―天空の聖殿　高野　潤
2201 カラー版 インカ帝国―大街道を行く　高野　潤
2092 カラー版 パタゴニアを行く　野村哲也
2182 カラー版 世界の四大花園を行く―砂漠が生み出す奇跡　野村哲也
1869 カラー版 将棋駒の世界　増山雅人
2117 物語 食の文化　北岡正三郎
415 ワインの世界史　古賀　守
1835 バーのある人生　枝川公一

596 茶の世界史　角山　栄
1930 ジャガイモの世界史　伊藤章治
2088 チョコレートの世界史　武田尚子
2229 真珠の世界史　山田篤美
1095 コーヒーが廻り世界史が廻る　臼井隆一郎
1974 毒と薬の世界史　船山信次
650 風景学入門　中村良夫
2315 南方熊楠《みなかたくまぐす》　唐澤太輔